AF356183

ANNALES POLITIQUES.

PREMIERE PARTIE.

AVIS

DES EDITEURS.

LE public a toujours si bien reçu les ou-vrages de feu Monsieur l'Abbé de St. Pier-re, que nous avons crû lui devoir encore ses Annales politiques que l'on ne connoissoit point.

Le Manuscrit que nous avons acheté peu de tems après la mort de l'Auteur, est tout écrit de sa main; nous n'y avons fait aucun changement.

ANNALES POLITIQUES

DE

FEU MONSIEUR

CHARLES IRENÉE CASTEL,

Abbé de ST. PIERRE,

DE

L'ACADÉMIE FRANÇOISE.

PREMIERE PARTIE.

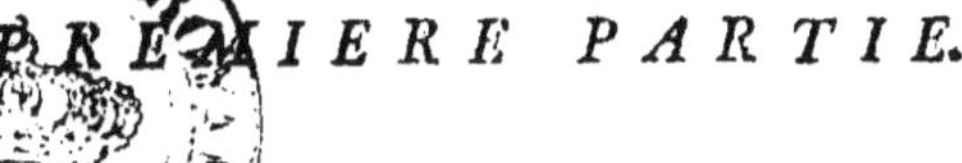

LONDRES.

MDCCLVII.

PRÉFACE.

LA lecture des Vies des Hommes illuſtres de Plutarque, que je fis par hazard dans ma premiére jeuneſſe, augmenta fort en moi l'inclination naturelle que l'on a pour ſe diſtinguer entre ſes pareils, par des talens utiles à la patrie. J'ai relû, en divers tems de ma vie, ce bel ouvrage, qui, quoique défectueux à différents égards dans beaucoup d'endroits, ne laiſſe pas d'être le plus prétieux, & de beaucoup le plus utile des ouvrages de l'Antiquité.

C'eſt avec le ſecours du déſir de la diſtinction la plus prétieuſe que j'avois puiſé dans cette lecture, que j'ai paſſé

A 3

la

la plus grande partie de ma vie à médi-
ter & à écrire les avantages qu'apportent
les talens diftingués & les mœurs vertu-
eufes ; & c'eft ce qui m'a porté à tâcher
de perfectionner les différentes parties
de la Morale & furtout de la Politique.

Plutarque, pour enfeigner plus utilement à fon Lecteur la fcience des
mœurs, a fagement imaginé d'écrire la
Vie des Hommes illuftres Grecs & Romains ; parce que le Lecteur, qui, à l'i-
mitation des grands hommes dont il lit
la vie, prend bientôt pour but d'augmenter comme eux fa réputation par
les mêmes fuccès des talents femblables,
s'il peut les mettre en ufage pour le bonheur de ceux avec qui il doit vivre; ainfi,
il fait bien plus d'attention à leurs actions,
aux motifs de leurs entreprifes, & aux
moyens qu'ils ont choifis pour les finir
avec fuccès ; & le Lecteur eft bien plus
porté à fuir les défauts qui ont été nuifibles

bles à leurs deſſeins, à acquerir leurs talents & à imiter leurs bonnes qualités;
ſurtout quand Plutarque met ſur la ſcé-
ne des perſonnages aimables & eſtima-
bles, recompenſés magnifiquement, par
leur grande réputation de l'utilité de
leurs travaux; & quand il montre, ſoit
par leurs diſcours, ſoit par leurs actions,
quels étoient leurs ſentimens & leurs ju-
gemens ſur ce qu'il y a de plus eſtimable dans la conduite de la vie.

Sur des vües ſemblables à celles de
Plutarque, j'ai crû qu'ayant à écrire de
Politique, je ferois beaucoup plus utile
aux Lecteurs ſi j'écrivois mes obſervations ſur les bons & ſur les mauvais ſuccès qui ſont arrivés au Royaume de mon
tems, & pour ainſi dire, ſous mes yeux,
que ſi je m'en tenois à écrire ſimplement
des projets qui ne ſont pas encore ap-
puiés de l'expérience. C'eſt même pour
cela que j'ai auſſi écrit des obſervations

A 4

poli-

politiques sur les principaux événements des Régnes des Rois de France; c'est pour cela que j'ai mis devant les yeux du Lecteur la conduite, tantôt prudente, tantôt imprudente, & même l'inaction méprisable de quelques Rois & de leurs Ministres. C'est que les observations politiques se font bien mieux entendre, & font beaucoup plus d'impression, quand on en voit l'application à des faits; & un Auteur parle avec beaucoup plus de certitude & d'autorité quand il parle d'après l'expérience.

Ces deux différentes méthodes d'enseigner la Morale & la Politique, l'une par de simples maximes, l'autre par des maximes unies aux faits, m'ont toujours fait désirer que nos bons Philosophes moraux écrivissent la vie de nos Hommes illustres, & que nos bons Politiques écrivissent l'Histoire générale de nôtre Nation, ou plutôt, que

nos

nos Hiftoriens fuffent les uns bons Mo-
raliftes, les autres bons Politiques.

Nos Hiftoriens content affez bien, &
pourroient conter encore mieux ; mais ils
jugent fouvent affez mal des entreprifes
qu'ils racontent avec agrément ; cependant le but de l'Hiftorien ne doit pas
être uniquement de plaire au Lecteur,
fon but doit être encore, de perfectionner le jugement de ceux à qui il plait, &
de leur apprendre à eftimer jufte les talents & les qualités, afin de rendre leurs
concitoyens & plus heureux & plus
utiles à la patrie.

Si je raméne fouvent mes reflexions
morales à la Politique, c'eft que mon
but principal eft de rendre cette Hiftoire utile aux jeunes Lecteurs qui peuvent avoir un jour part au gouvernement des affaires politiques.

Je n'ai garde de penfer que je ne
me fuis point trompé dans les faits que
j'é-

j'écris ; fi je m'en étois aperçu , je me ferois corrigé ; mais entre les perfonnes qui
ont le loifir d'écrire , je fuis , je crois ,
des mieux inftruits de mon tems des
faits principaux que je raconte ; il eft
vrai que , faute d'un examen affez fcru-
puleux de plufieurs petites circonftances
de tems , de lieux , de perfonnes , j'ai pû
me tromper quelquefois fur des faits
peu importants ; mais j'ai crû pouvoir
m'épargner la peine de cet examen , en
fongeant que ceux de nôtre poftérité qui
liront ces Mémoires , ne fe foucieroient
guéres , fi trompé le premier , je les trompe auffi fur de pareilles minuties ; il me
fuffit qu'en leur racontant des faits vrais
dans les circonftances principales , je tâ-
che de leur infpirer le défir & les moyens
d'imiter les fages , & d'éviter les exemples des imprudens dans des cas femblables : & à dire la verité , il me paroit que
de pareilles erreurs fur de petites circonf-
tan-

tances ne méritent pas la moindre attention ; & quand parmi nous, quelques
Savants difputent entre eux fur les con-
tradictions de peu d'importance qui
font entre les Hiftoriens contemporains,
les gens fenfés ne daignent pas examiner de quel côté eft la vérité.

Et que nous importe, par exemple,
de favoir précifément le degré de pa-
renté d'entre Céfar & Lucius Cefar, ou
de favoir au jufte le jour du mois de
la bataille de Pharfale ?

J'ai paffé plus de cinquante ans ou à
la Cour ou dans la ville Capitale ; j'ai
connu perfonnellement la plûpart des
Princes, des Miniftres, des Généraux,
& ceux qui ont fait les principaux per-
fonnages de mon tems ; j'ai médité fur
la plûpart des affaires dont j'écris ;
j'ai été témoin, ou j'ai parlé aux té-
moins ; ainfi j'efpére que celui qui dans
quelques fiécles lira cet ouvrage, fe

con-

contentera de favoir les évenemens que
je raconte avec la même certitude que
je les fai, moi qui cherche avec foin
d'être inftruit de ce qui eft important,
& dont je veux inftruire les autres.

Si j'excufe quelquefois ceux qui ont
eu part au Miniftère, on verra que les
excufes que j'aporte font fondées fur la
vérité ; & l'on fait d'ailleurs, que le
public porte quelquefois fa haine & fes
mécontentements à l'excès; mais l'Hiftorien doit juftice à tous ceux dont il
faut qu'il juge, & doit même, ce me
femble, pancher toûjours un peu plus
vers l'indulgence que vers une exceffi-
ve févérité.

Il eft de fon devoir de peindre la vérité auffi exactement qu'il peut ; il vaut
mieux qu'il fe trompe en augmentant
les talens & les vertus, & en diminuant
les défauts de ceux dont il parle, que de
fe tromper en fuivant la route contraire.

Si

Si je me borne préfentement à écrire les Annales de ce qui s'eft paffé depuis ma naiffance en 1658. c'eft afin d'avoir le loifir de m'inftruire mieux des faits & de les écrire avec plus d'exactitude.

Si je parle beaucoup plus des affaires que des perfonnes, c'eft que j'aime bien mieux être utile qu'agréable ; & à dire le vrai, je ne me propofe d'écrire ces Annales, que pour avoir occafion de mieux inftruire des meilleures maximes politiques ceux qui feront un jour employés au gouvernement des Etats.

Si je m'arrête ici plus aux détails des réglmeens & des établiffemens qu'aux détails des caractères des hommes, c'eft que j'écris, non des hiftoires d'Hommes illuftres, mais l'hiftoire de nôtre Gouvernement; parce que je crois que l'augmentation de la félicité des hommes, dépend beaucoup plus des per-
fection-

fectionnemens que l'on peut donner aux bons réglements & aux bons établisse‑ments, & que la Morale n'est qu'une partie de la Politique.

Les exemples des grands‑hommes agissent encore moins sur les Lecteurs que la recompense des talens & des vertus que donne la Politique.

Les exemples n'agissent que sur les Lecteurs, & n'agissent guéres que dans le tems de la lecture; au lieu que les réglemens & les bons établissemens, qui font distribuer avec justice les emplois publics, les pensions, les hon‑neurs, & les autres recompenses, agis‑fent sur tous les hommes & dans tous les tems, pour les exciter aux talent les plus utiles & à la vertu la plus agis‑fante & la plus constante.

Et tel feroit, par exemple, l'établisse‑ment de la méthode du Scrutin entre trente pareils quand il fera perfectionné.

DIS‑

DISCOURS

PRELIMINAIRE.

Vant que d'écrire les principaux événemens, qui ont de mon tems augmenté ou diminué ou le malheur ou le bonheur de ma patrie, j'ai cru à propos de donner une description abrégée, non seulement du Royaume en l'état où il est présentement en 1735. mais encore de dire quelque chose de nos mœurs, de nos coutumes, de nos principaux établissemens & de nos principaux réglemens, afin que dans quelques siécles les Lecteurs puissent voir plus facilement les progrés que la raison universelle aura faits dans mon pays, depuis nous jusqu'à eux, dans la route de la félicité.

Il est vrai que dans mes ouvrages imprimés, on pourra voir combien il nous manque encore de bons réglemens & de bons établisse-

mens

mens fur les différentes parties de nôtre Gouvernement, & voir ainfi le degré où la raifon
univerfelle eft autorifée par nos loix ; mais je
ne laifferai pas de mettre ici plufieurs réfle-
xions que je n'ai pas faites ailleurs.

FRONTIERES DE FRANCE EN 1735.

Il eft à propos que nôtre poftérité fache ce
que nous entendons préfentement par le mot
de *France*, de *Royaume de France*.

Nous avons dans nôtre Royaume pour frontiéres du côté du Nord Dunkerque, Lille, Valenciennes, Maubeuge, Philippe-Ville, Char-
lemont, Rocroi, Sédan, Montmedi, Longwy,
Thionville, Sar-Louis.

Du côté de l'Occident, nous avons pour bornes la Mer Océane ; car les Ifles qui font fur
nos côtes font à la France, excepté les Ifles de
Jerfey, Garnefey & Origni, qui font fur les côtes
de Normandie, & qui font reftées aux Anglois.

Du côté de l'Orient nous avons pour bornes le Rhin, & nous poffédons Landau, Straf-
bourg, New-Brifach, Befançon, Dole, Hunin-
gue, Bourg-en-Breffe, le pays de Gex, Pont-
Beauvoifin, le Fort Barreau, Grenoble, Brian-
çon,

çon, Mont-Dauphin, Barcelonette, Glandéves, Vence, & Antibes.

Du côté du Midi nous sommes bornés par la Méditerranée : nous avons, Perpignan, Colioure ; & dans les Pyrénées nous avons Vandres, Prades, Carol, Maſſat, Caſtillon, St. Béat, Barrége, St. Jean-de-pied-de-port & St. Jean-de-Luz qui nous féparent du Royaume d'Eſpagne.

Outre l'ancien continent de la France, nous avons un grand & vaſte pays fur le grand fleuve de St. Laurent dans le Canada, d'où nous tirons pluſieurs pelleteries ; nous avons pluſieurs Iſles dans le golfe de St. Laurent, comme St. Jean & Miſcou qui avoient été concedées au Comte de St. Pierre mon frére, & que le Roi a retirées ; l'Iſle Royale vers le 45e degré de latitude. Nous avons auſſi dans le même continent de l'Amérique Septentrionale, un grand & vaſte pays à l'embouchure & le long du grand fleuve de Miſſiſſipi, que l'on appelle la Loüiſiane, depuis le 32e degré de latitude Nord en remontant le fleuve vers le Nord. Nous avons outre cela pluſieurs Iſles de l'Amérique depuis le 6e degré, depuis Cayenne qui eſt terre ferme, juſqu'au

An. Polit. I. partie.   B   20e

20e degré ; telles font la Martinique, la Guadeloupe, la Grenade, partie de St. Domingue, St. Chriftophle, defquelles nous tirons du tabac, du fucre, du cacao, du caffé, & d'où nous pouvons tirer tout ce qui croit aux Indes Orientales dans les pays très chauds. Nous avons auffi quelques établiffemens fur les côtes d'Afrique pour le commerce de la poudre d'or, & des Négres efclaves, que l'on fait fervir aux fucreries de l'Amérique.

La force d'un Etat ne confifte pas dans l'étenduë de fon territoire, mais dans la multitude de fes habitans à proportion qu'ils font plus raffemblés, plus laborieux, plus difciplinés à la guerre, plus induftrieux dans les arts, & plus utilement occupés que les autres peuples.

On peut dire même, qu'à pareil nombre d'habitans, un Etat plus petit des trois quarts en territoire, feroit trois fois plus fort & plus puiffant qu'un pareil nombre d'habitans répandus dans un territoire trois fois plus grand ; la raifon, c'eft :

Premiérement, que la défenfe & l'attaque en font plus aifées dans le petit territoire.

Secondement, que le commerce en eft plus facile & plus grand.

Troi-

Troifiémement, que les arts en font plus faciles à perfectionner, parce que les découvertes dans les arts font plus faciles à fe commu-
niquer.

Il eft vrai qu'il faut toujours fupofer que le
territoire foit fuffifant pour la nourriture des
habitans ; or dans le continent de France, fans
compter l'Amerique, nous avons environ neuf
fois plus de terrain que nous n'en avons befoin
pour la fubfiftance des François.

Il y a environ vingt millions d'habitans,
ou environ quatre millions de chefs de familles, foit mâles, foit femelles, foit mariés, foit
non mariés ; il s'en faut plus de la moitié que
nôtre peuple ne foit occupé auffi utilement
que le peuple Anglois ou Hollandois ; & cela
vient de la foibleffe de nôtre Commerce maritime en comparaifon du leur ; & voila une
forte d'agrandiffement de territoire que chaque
Souverain peut faire, fans faire d'injuftice à aucun de fes voifins.

Il y a environ quarante mille Curés & foixante - mille autres Prêtres, cent - mille Religieux & cent - mille Religieufes : il y a à peu
près la moitié trop de Religieux, & les trois
quarts de Religieufes. Le Pére Petau dans fes

B 2

Dogmes

Dogmes Théologiques cite le 19e. Canon de l'ancien Concile d'Agde , qui défendoit de donner le
voile de Religieuse qu'à quarante ans. *Sancti-*
moniales , quantum libet vita earum & mores
probati sint , ante annum ætatis suæ quadragesi-
mum non valentur. Cet Auteur cite ce Concile
dans ses remarques sur St. Epiphane pag. 343.
Plût à Dieu que ce sage Decret fût observé
de nos jours !

Le Clergé en France est devenu plus soumis à la Cour , depuis le Concordat fait à Marseille entre le Pape Léon X. & François Premier au commencement du seiziéme siécle : &
cette augmentation de soumission à la suprême
autorité, étoit à désirer en France pour conserver plus facilement la tranquillité publique. Par
ce Concordat le Roi a commencé à nommer
aux Evêchés & aux Abbaïes en commende ; il
seroit peut-être à souhaiter , pour la plus grande utilité publique , que ces nominations aux
Evêchés ne fussent pas à vie , mais seulement
pour dix ans , sauf à renouveller , en cas que
par le jugement des trente pareils , on ne trou-
vat pas quelque meilleur sujet à placer. L'E-
vêque déposé auroit seulement pour sa vie
la moitié du revenu de son Evêché ; ce ré-
gle-

glement conferveroit & augmenteroit l'ardeur au travail pour l'utilité du public, au lieu que la fûreté de poſſéder toute ſa vie ſon Béné-fice porte au relâchement du travail utile au public.

Depuis ce Concordat la Cour a facilement accoutumé le Clergé à payer les Décimes, & cela ſans que le Roi ait été obligé d'avoir re-cours à Rome pour obtenir la permiſſion de le-ver des taxes ſur le Clergé, ce qui étoit une grande dépendance dans laquelle ſont encore pluſieurs Royaumes.

Tant que les Docteurs & les Evèques de la Nation ne croiront pas le Pape infaillible, il ne pourra nous aſſujettir malgré nous à ſes déci-ſions ; nous aurons toujours la liberté de les examiner, de laiſſer les Conſtitutions ſans exé-cution & la voie de l'appel au futur Concile général ; mais la meilleure méthode eſt de laiſ-ſer ſans exécution celles dont on ne ſera pas content.

Nous avons pour rempart les anciennes li-bertés de l'Egliſe de France, & les quatre pro-poſitions du Clergé de 1682. défenduës par tous les Parlements du Royaume ; & d'un au-tre côté, il n'y a point à craindre qu'un Con-

cile foit jamais général fans les Evêques François, ni que le Roi permette aux Evêques François d'y aller, s'il prévoit quelque excommunication injufte de fes Officiers ou de fes Evêques, ni que le Concile foit infaillible s'il n'eft
général.

A l'égard des Religieux & des Religieufes,
on dit que le Chancelier de l'Hôpital croyoit
qu'il n'y en auroit pas trop en France s'ils
étoient tous plus plus utilement employés qu'ils
ne font pour le bien de la focieté chrétienne.
Il vouloit qu'on les réduifit tous à quatre Ordres & à quatre habits différens, pour entretenir entre eux de l'émulation à qui réüffi-
roit le mieux dans leurs entreprifes pour le
bien public des fidéles.

Il faudroit, difoit-il, que ces quatre Ordres
euffent leurs Généraux réfidents en France : fa
raifon étoit, que les Ordres qui ont leurs Généraux dans une Cour étrangére font trop dépendants de cette Cour, & peuvent par leurs
Couvents troubler la tranquillité publique,
quand ils font mécontens du Gouvernement.
Ces quatre Ordres auroient foin, difoit-il,

Premiérement, des pauvres qui font mala-
des & invalides, foit dans les Hopitaux, foit

au

au déhors des Hopitaux :

Secondement, ils auroient auſſi ſoin de l'é-
ducation des enfans & des petites écoles, &
par conſéquent ils dirigeroient les Séminaires.
Or il eſt vrai que, ſi tous nos Religieux &
toutes nos Religieuſes étoient ainſi occupés
aux œuvres de charité, on pourroit dire avec
ce Chancelier, qu'il n'y en auroit pas trop en
France.

Le même Chancelier diſoit qu'il étoit étonné
que nos Rois, qui ont tant d'intérêt de diminuer la domination que la Cour de Rome tâ-
che d'uſurper tous les jours dans nôtre Royaume, n'ayent pas aboli la pernicieuſe coutume
de permettre aux François qui ont des Bénéfices conſidérables en France d'accepter le Car-
dinalat ; il eſt encore plus étonnant que les
Rois eux-mèmes ſollicitent quelquefois cette
dignité, pour un ſujet qu'ils veulent faire Miniſtre général, comme s'ils ne pouvoient pas
par une déclaration de leur volonté, donner
à tout Miniſtre général actuel, un rang encore plus grand que celui que nous donnons en
France aux Cardinaux.

Il diſoit que laiſſer la liberté aux François
de ſolliciter cette dignité étrangére, c'étoit én-

<table><tr><td>B 4</td><td>gager</td></tr></table>

gager les Miniftres & les familles les plus puiffantes du Royaume, qui veulent voir leurs enfans Cardinaux, à facrifier les intérêts de l'Etat
aux intérêts de la Cour de Rome, & que les
Archevèques & Evèques qui ont le plus de crédit dans le Clergé, pour obtenir cette dignité,
oublioient ce qu'ils devoient à leur patrie pour
établir les prétentions exorbitantes des Papes,
& furtout, leur infaillibilité : & à dire le vrai,
je ne vois rien à répondre à ce Chancelier.

A l'égard de la dévotion, feu Monfieur le
Duc de Montaufier Gouverneur du Dauphin
trouvoit qu'elle étoit préfentement beaucoup
trop tournée du côté des cérémonies & de la
multiplicité des priéres vocales, à la maniére
des Pharifiens ignorans ; & qu'il feroit à fou-
haiter qu'elle fût beaucoup plus dirigée du côté de la pratique, de la juftice & de la bienfaifance pour plaire à Dieu.

Pour aider le Roi à gouverner l'Eglife de
France, il défiroit un Confeil Epifcopal, dont
les membres auroient été choifis par le Roi,
mais par la méthode du fcrutin entre trente
pareils ; & que les difpenfes, que nous ache-
tons à Rome, fuffent expédiées par ce Confeil
à la moitié moins de fraix qu'à Rome ; & que

fur

fur les rétributions des difpenfes & des provi-
fions, on prit une fomme par mois pour payer
chaque membre de ce Confeil & pour les fraix
des Officiers, & que le refte fût deftiné à l'Ho-
pital & à l'Hotel-Dieu de la ville capitale.

Il y a environ cinquante-mille familles nobles en France, c'eft-à-dire à peu près la centiéme partie des habitans. Ces cinquante-mille familles, à cinq perfonnes par famille, font
deux-cent-cinquante-mille perfonnes.

En France les Gentilshommes fe deftinent
depuis longtems, ou à l'Eglife ou à la guerre, & rempliffent tous les emplois de l'armée; ils y font entretenus par leurs apoin-
temens; & comme quelques-uns, quoiqu'en
petit nombre, parviennent à des récompenfes
honorables & utiles, & furtout à la dignité de
Maréchal de France, & à celle de Duc & Pair
héréditaire, les récompenfes excitent & entre-
tiennent dans la profeffion des armes pendant
toute leur vie plufieurs bons fujets, qui fans
le reffort de l'efpérance s'en dégouteroient en
peu d'années; mais ce qui dégoûte du fervice,
c'eft que la faveur y fait plus avancer que le
mérite, & cela faute de la méthode du fcrutin.

Le Roi donne fouvent le Cordon bleu, ou le
titre

titre de Chevalier du St. Efprit, à des Lieu-
tenans généraux ; cette méthode d'honorer de
ce titre ceux qui fe diftinguent parmi eux, feroit très utile au bien du fervice, fi cette récompenfe fe donnoit par fcrutin entre trente pareils, à ceux qui paffent parmi eux pour
avoir plus de mérite national.

Il y a parmi nous une coutume très préju-
diciable à l'Etat, c'eft que parmi les Ducs &
Pairs; la dignité de Duc eft héréditaire ; or il
eft évident que de donner plus de diftinction à
un homme qui fouvent eft fans talens, fans
vertu, fans aucun mérite, que l'on n'en donne à un Général d'Armée du plus grand mérite, c'eft faire une chofe ridicule, & une grande faute contre le bon Gouvernement ; j'efpére
que cette fauffe politique ne durera pas plus
qu'elle a duré, car nous croiffons du côté de la
raifon.

Le Duc de Mortemar difoit qu'il avoit honte d'être traité en certaines rencontres avec plus
de diftinction que fes Géneraux, & foutenoit
que les titres de diftinction dans la Nobleffe,
comme Baron, Comte, Marquis, Duc, ne devoient jamais être que perfonnels & jamais héréditaires ; que c'étoit prodiguer le tréfor public

blic que de rendre ces précieuses récompenses
héréditaires , & possédées quelquefois par des
personnes indignes de tout honneur & de toute distinction.

Il ajoutoit que l'Etat avoit autant besoin
d'avoir des distinctions honorables à donner
aux personnes riches que de pensions à distribuer aux Officiers pauvres ; aussi n'approu-
voit-il pas la coutume d'Espagne de continuer
aux enfans fainéans les pensions des péres qui
avoient bien servi, tandis qu'il y avoit des
Officiers qui servoient bien actuellement , &
qui languissoient sans récompense , parce que
le trésor public étoit épuisé par les pensions
héréditaires.

Le trésor public des honneurs & des marques
de distinction, devient un trésor très nécessaire dans un Etat où les particuliers sont
riches, & encore plus, là où le trésor public
des finances est épuisé : mais il faut le distribuer avec choix, & hors le titre de Gentilhomme, nul titre parmi la Noblesse ne doit
être héréditaire, mais seulement personnel.

On prétend qu'il y a dans la robe trop de
voies pour acquerir la noblesse avec des charges & de l'argent, au lieu qu'il n'y a point
assez

aſſez de voies pour l'acquerir par les ſervices importans rendus à la patrie, ſoit dans les armes, ſoit dans le commerce, ſoit dans la Magiſtrature, ſoit dans le perfectionnement des arts les plus utiles à l'Etat ; il faut qu'un Maréchal de Camp, qu'un Lieutenant Général qui a quarante ans de ſervice, obtienne des lettres de Nobleſſe, parce qu'aucun des emplois guerriers n'annoblit les enfans, au lieu qu'il ſuffit de mourir Secretaire du Roi, ou Conſeiller de Parlement, ſans talens utiles à l'Etat, pour faire ſes enfans nobles. J'eſpère que le Roi Louis XV. ſous qui je revois ces Mémoires, remédiera à cet abus, & qu'il revoquera ces priviléges, qui donnent la nobleſſe à une famille, ſans que l'Etat en ait tiré des ſervices proportionnés à cette diſtinction.

Il eſt ridicule que la Nobleſſe n'ait pour marque qu'une épée, qui eſt incommode à porter, qui cauſe des meurtres journaliers, & qui eſt également portée par des valets de chambre, & par toute ſorte de gens. Pourquoi permettre l'épée à d'autres qu'aux voyageurs ? Ce ſont apparemment des reſtes de nos guerres civiles, reſtes auſſi ridicules & plus préjudiciables à l'Etat, que les bottes & les éperons que tout le

monde

monde portoit à Paris dans les visites, & qui ont cessé vers le tems de ma naissance en 1658. cinq ans après la cessation de la guerre civile.

Dans toutes les villes il y a des Juges établis par autorité publique pour juger les différens qui naissent tous les jours entre les sujets; les Juges subalternes donnent leur sentence, mais le condamné peut en appeller aux Juges supérieurs que l'on appelle Parlements ou Chambres Souveraines. Un Parlement régle les procès de compétence entre deux Juges subalternes de son ressort : mais les procès de compétence entre deux Parlements se jugent par le Conseil, où préside le Chancelier, où assistent les Conseillers d'Etat, & où raportent les Maîtres des Requêtes. Lorsque les Parlements jugent contre les loix, leurs arrêts peuvent être cassés par le Conseil.

Il seroit plus commode pour les parties, qu'il y eût dans cháque Parlement, comme en Flandres, une Chambre de révision, composée de plusieurs Députés de chaque Chambre, pour revoir en certains cas les arrêts dont on se plaint.

Les Jurisdictions subalternes devroient avoir l'autorité de juger en dernier ressort les procès,

dont

dont le capital ne paſſeroit pas la valeur de trente marcs d'argent fin, ou 1500. liv. d'aujourdhui. Cette autorité termineroit tout d'un coup ſur les lieux les trois quarts & demi des procès qui ſe portent aux Parlements ; ce qui ſeroit un grand bien pour l'Etat, qui a peu d'intérêt que Pierre ait plus que Paul, mais qui a grand intérêt qu'ils ne quittent point leurs commerces, leurs affaires & leurs travaux ; mais, à dire le vrai, il faudroit alors au moins douze Juges, & que les Juges fuſſent choiſis entre trente pareils tous Nobles.

Tout commerce eſt un échange ; le marchand de toile vend & achette ; mais comme vendeur, il échange ſa toile contre l'argent de l'acheteur ; & comme acheteur, il échange ſon argent contre la toile du manufacturier : tous les commerces ſe réduiſent à des échanges.

Si les deux parties échangeantes ne croyoient pas gagner quelque choſe à leur échange, il ne ſe feroit point d'échange ; je ſai bien, qu'il ſe peut faire qu'un ſeul gagne, mais il gagne ce que l'autre perd ; ainſi l'Etat n'y perd rien quand le commerce ſe fait entre concitoyens ; quelquefois le gagnant gagne plus que l'autre ne perd, parce qu'il met en meilleure valeur

la

la chofe qu'il a pris en échange : mais ce qu'il y a de plus ordinaire, c'eft que tous deux gagnent ou également ou inégalement à l'échange; alors c'eft un profit réciproque; & fi tous les jours, toutes les femaines, tous les mois, tous les ans ils gagnent quelque chofe à leurs échanges, ils fe font un revenu annuel de leur gain, & ce gain mutuel eft d'autant plus grand, que les échanges font & plus confidérables & plus fréquens.

Celui qui a plus de vin qu'il n'en peut confommer, a du vin inutile; celui qui a plus de bois qu'il n'en peut confommer, a du bois inutile; or en échangeant fon bois inutile contre le vin inutile de fon voifin, tous deux gagnent à l'échange, en mettant en valeur des chofes qui leur étoient inutiles. Un habitant de Marfeille a une terre près de Valogne de mille livres de rente; un habitant de Valogne en a une près de Marfeille de pareille valeur; ils font échange, & gagnent tous deux à cet échange.

De là on peut conclure que plus il y a de chofes qui facilitent les échanges dans un Etat & qui en ôtent les obftacles, plus il fe fait d'échanges, & plus le revenu que le commerce

ce ou les échanges apportent aux fujets, devient confidérable.

Entre les grands obftacles de nôtre commerce intérieur on peut compter les mauvais chemins dans l'hyver faute de pavé, le défaut de
canaux ou de riviéres rendues navigables pour
le tranfport des marchandifes de grand poids
& de grand volume, le défaut de ponts en
plufieurs endroits, le peu de fûreté des chemins contre les voleurs, les défauts d'hôtelle-
ries fur les chemins, les doüanes intérieures
du Royaume, l'excès des fubfides fur les boiffons, les différens péages fur les riviéres, &
fur les ponts. Il faut avoüer que toutes ces
chofes qui regardent le commerce intérieur du
Royaume font encore fort négligées en France.

Le commerce maritime eft auffi très foible
en comparaifon de celui d'Angleterre & de Hollande ; & une des grandes raifons que l'on en
apporte, c'eft qu'en Angleterre un marchand
riche & accrédité eft ordinairement honoré par
le Roi du titre de Chevalier, & quelquefois
il eft élû membre de la Chambre Baffe. Rien
n'eft plus important pour un Prince que d'a-
voir des fujets riches, & un Royaume riche ;
c'eft qu'avec des richeffes il achette facilement

des

des hommes dans les Etats pauvres ; & ces foldats & ces Officiers ainfi achetés chez nos voifins moins riches, fe marient chez nous & deviennent peu à peu François : nos voifins en deviennent plus foibles, & nous en devenons plus forts ; car leurs hommes nous valent mieux que nôtre argent. Les Hollandois, qui ont cette politique, s'en trouvent à merveille. Faifons fleurir le commerce, & nous aurons tant de troupes que nous voudrons ; laiffons périr le commerce, nous aurons moins de gens de guerre, & moins d'argent pour les faire fubfifter.

Les productions de la terre font le principal du fonds du commerce de la première main : mais les denrées manufacturées par les artifans, comme les draps, les toiles, les bas, les chapeaux, les cuirs &c. font un grand article de nôtre commerce de la feconde main : & l'on peut dire que les laboureurs ont befoin des artifans & des marchands, comme les artifans & les marchands ont befoin des laboureurs pour débiter leurs denrées & leurs marchandifes.

L'impofition de la taille annuelle, dont la repartition fur les familles eft laiffée à l'arbitraire des Collecteurs paffionnés & injuftes, & dont

la repartition fur les Elections & fur les Paroiffes
eft laiffée aux Intendans, qui jufqu'ici ne peuvent avoir une connoiffance exacte des différens revenus annuels des taillables de chaque
paroiffe, dépeuple tous les jours de plus en
plus la campagne de fes habitans, & diminue
l'agriculture par la ruine annuelle d'un grand
nombre de familles taillables, & parce que les
riches fe réfugient dans les villes, de peur d'ê-
tre bien-tôt ruinés dans les campagnes.

Monfieur Colbert, qui avoit été élevé jeune dans le magafin des Mafcrani riches marchands de Lyon, y avoit apris les premiers
principes du commerce qui regardent les manufactures ; & plût à Dieu qu'il eût été auffi
deux ans commis de quelque riche négociant de
St. Mâlo ! il auroit bien mieux formé fes Compagnies de commerce maritime, dans lefquelles
il fit deux fautes effentielles, que nous n'a-
vons pas encore reparées.

Premiérement, il mit à Paris la direction de
ces Compagnies, au lieu de la mettre dans le
port où fe faifoient les embarquemens & les
débarquemens.

Secondement, il compofa cette direction, de
Directeurs qui n'étoient pas marchands maritimes.

Nous

Nous avons ajoûté une autre faute confidérable à celles-là dans notre Compagnie des Indes ; c'eft que nos Directeurs & nos Sous-di-
recteurs ne font pas auſſi intéreſſés à beaucoup
près aux fuccès de nôtre Compagnie, que les
Directeurs Anglois & Hollandois font intéreſſés
aux fuccès des leurs.

Nous avions en 1658. la guerre avec l'Efpagne, mais nous n'avions que cette guerre.
Nous avions fini, dix ans auparavant, nos guerres avec l'Empereur par le traité de Munfter,
& nos guerres civiles avoient ceſſé vers 1653.
Ainfi il n'eft pas étonnant, que nous fuſſions
alors fupérieurs, tant du côté de la Flandre
Efpagnole, que du côté des Pyrenées, & en
Italie : mais nos avantages n'étoient ni grands
ni rapides ; ils n'étoient pas tels qu'ils puſſent
faire ombrage à nos voifins, & les obliger à
fe déclarer pour l'Efpagne, & à empêcher le
Roi de France de devenir un voifin trop formidable.

Il eût été évidemment contre l'intérêt de nos
voifins, de voir trop agrandir la France, & en
très peu de tems ; au lieu qu'il étoit de leur
intérêt de la voir s'apauvrir & s'endetter par
de longues guerres. Cette confidération qui eft,

que nos voifins n'auroient jamais fouffert un grand & prompt agrandiffement, devoit éloigner le Confeil du Roi des dépenfes de la guerre : le Miniftre général croyoit fans fondement, que fon intérèt particulier demandoit alors de la guerre, quoique cette guerre fût contre l'intérèt de la Nation, il n'eut pas alors affez de lumiéres pour voir qu'il pouvoit fe rendre néceffaire au Roi & à l'Etat en commençant dans l'intérieur de l'Etat divers établiffements très avantageux à la Nation ; au lieu que l'entreprife de la guerre eft ruineufe pour elle, & lui attire la haine de fes voifins. J'ai expliqué ailleurs quatre ou cinq de ces principaux établiffements fi avantageux.

Nôtre difcipline militaire s'étoit beaucoup perfectionnée, depuis que le Duc de Saxe-Weimar & le Maréchal de Gaffion avoient commandé nos troupes ; c'eft qu'ils avoient appris leur métier fous le fameux Guftave Adolphe Roi de Suéde nôtre Allié tué vers 1632. à la bataille de Lutzen, lorfqu'il étoit prêt de conquérir les Etats de l'Empereur.

Le Cardinal Mazarin, élevé dans les négociations & dans les intrigues de Cour, n'avoit jamais compris ni la grande utilité que l'Etat

tire-

tireroit d'un grand Commerce maritime & d'u-
ne grande & belle Marine, ni les moyens d'y
parvenir : ainſi, avec les plus beaux ports,
avec les plus braves & les plus diſciplinables
ſujets du monde, à peine euſſions-nous pû mettre dix vaiſſeaux de cinquante canons à la mer
en 1653. tandis que les Anglois, & ſurtout les
Hollandois, en pouvoient mettre chacun dix
fois davantage, & de beaucoup plus gros.

Nôtre Marine a été depuis portée à un haut
point, tandis que Seignelai fils de Colbert en
fut chargé. Le Roi vers 1688. pouvoit armer
cent vaiſſeaux ; mais nous manquions de matelots ; l'Edit qui chaſſa les Calviniſtes en 1685.
nous en ôta un grand nombre, & en tems
de paix nous n'entretenions qu'un petit commerce maritime : cependant pour élever grand
nombre de matelots, il faut un grand commerce maritime : auſſi notre Marine guerriére
eſt bien tombée depuis, & ne ſe relévera que
lentement au point où elle devroit être, par
rapport à la Marine des Anglois, qui nous
montrent par le grand ſuccès de leurs différens commerces maritimes, que la ſource des
grandes richeſſes d'un Etat, c'eſt le Commerce.

Nos Miniſtres n'ont point encore compris la

C 3

grande

grande importance dont feroit l'éducation de la jeuneffe, pour le bonheur de l'Etat, fi on la perfectionnoit du côté de certaines connoiffances qui font plus utiles à la focieté, particuliérement du côté des habitudes à la pratique de la juftice & de la bienfaifance, qui font incomparablement plus importantes au bonheur des enfans & de leurs familles que le Latin.

Le Cardinal de Richelieu avoit fondé un Collége qui porte encore le nom de *Dupleſſis*, qui étoit fon nom de famille. Il avoit à grands fraix rétabli le Collège de Théologie de Pierre de Sorbonne, où les jeunes Eccléfiaftiques apprennent à difputer tous les jours avec aigreur & avec orgueil, fur des queftions de pure fpéculation de Théologie, au lieu de difputer doucement à qui pratiqueroit le mieux la juftice & la bienfaifance, qui font les principaux objets de la Religion & les moyens les plus efficaces pour former une focieté heureufe, & pour obtenir une feconde vie, remplie de délices. Or permettre les difputes & fonder des Ecoles pour difputer de Théologie, c'eft permettre aux hommes de travailler à troubler les confciences & à former des erreurs, & furtout des héréfies, des fchifmes &

des

des partis dans un Etat, ce qui eft fort oppofé à la bonne politique, qui vife à y maintenir
la tranquillité, la concorde, & la pratique de
la vertu.

Il falloit, au contraire, laiffer peu à peu
anéantir les Ecoles de Théologie, pour anéantir les difputes fur des opinions inutiles, & ne
difputer qu'à qui feroit plus vertueux, ou à
qui trouveroit de meilleurs moyens pour rendre le peuple plus jufte & plus bienfaifant.
Le Gouvernement n'en auroit été que plus ferme, & la Religion plus refpectée, plus uniforme, & plus facile à accorder avec un Gouvernement, qui doit recommander aux fujets
fur toutes chofes la pratique de la juftice & de
la bienfaifance Chrétienne.

Le Cardinal Mazarin pour perpétuer fon nom
à Paris, y fonda auffi un Collége vers 1658;
on lui propofa de rétablir le Collége de Na-
varre où il y a des Ecoles de Théologie : mais
il fe garda bien de chercher à donner un nouveau luftre à de pareilles écoles fi pernicieufes
à la tranquillité; lui qui avoit éprouvé par la
difpute des Jéfuites & des Janfeniftes, combien
il importoit pour la tranquillité publique, d'é-
loigner les efprits de toutes les difputes de pu-

re fpéculation , au lieu de les appliquer à la pratique de la vertu. Au refte il ne fongea pas à perfectionner l'éducation , ni du côté des mœurs , ni du côté des connoiffances utiles à l'Etat. Il n'en avoit pas même la premiére idée ; il fe contenta de laiffer fon Collége établi fur le pauvre plan des autres Colléges. Nous avons , par exemple , dix fois plus befoin dans le cours de la vie , des opérations de l'Arith- métique & de la Géométrie pratique , pour niveler , pour mefurer les parties de la terre , pour lever des plans , pour arpenter ; de la Géographie , de l'hiftoire des hommes illuf- tres , que de nous amufer à faire des vers Grecs , des amplifications de Rhétorique , des vers Latins &c. On nous apprend l'inutile , & on nous laiffe ignorer le plus important. Nous avons befoin de citoyens parvenus par une lon- gue habitude à être juftes , doux , humbles , patients , polis , difcrets , généreux ; qui fa- chent pardonner les injures , qui fe connoif- fent en vraie gloire , & qui la recherchent ; qui méprifent les diftinctions de vanité ou les *glorioles* , qui faffent plus de cas des grands ta- lens & des grandes vertus , que des grands biens de la fortune. Nous avons befoin de ci-

toyens

toyens laborieux & appliqués; cependant il ne fort communément de nos Colléges que des écoliers accoutumés à être hautains, impatiens, impolis, indifcrets dans leurs difcours & dans leurs maniéres, qui ne fongent qu'à tromper les autres, & à s'en venger, qui courent après des diftinctions frivoles de beaux habits, de beaux équipages; qui font beaucoup plus de cas des richeffes que des grands talens & des grandes vertus, qui fe piquent d'être diftingués par leur faineantife, & de bien tourner en ridicule ceux qui cherchent le plus grand mérite national.

L'Académie Françoife fut érigée par le Cardinal de Richelieu par lettres patentes en 1637 : mais en vérité le but de cet établiffement eft bien petit poûr un des plus grands génies de fon tems, en comparaifon de ce qu'il auroit pû faire pour l'utilité publique, d'un Corps compofé de gens d'un efprit diftingué : mais il n'eut ni le loifir ni les lumiéres néceffaires pour rendre cette Compagnie plus utile à l'Etat. Elle eft occupée depuis près de cent ans à déclarer que tels mots, telles phrafes, font du bon ou du mauvais ufage préfent : mais l'ufage eft néceffairement

chan-

changeant, & par conséquent ce qui eſt mauvais aujourdhui, ſera bon dans cinquante ans ; en verité eſt-ce un but digne d'un grand politique ? Un but convenable eût été d'obliger l'Académie des bons écrivains de donner tous les ans quelques éloges des François illuſtres, l'éloge des découvertes, des inventeurs, l'éloge des avantages que procurent les réglemens & les établiſſemens contemporains, qui ſont dignes d'être connus de la poſtérité. Chaque Académicien auroit pû dire comme Pline le jeune, *ſi par nôtre condition de particuliers nous ne pouvons pas faire des choſes dignes d'être écrites, nous tâchons du moins d'en écrire qui ſoient dignes d'être luës.*

Cela me fait penſer que les deux Académies que nous avons, l'une pour la langue Françoiſe, l'autre pour les belles lettres & pour les inſcriptions, devroient être unies & partagées ſeulement en divers bureaux.

Les Académies & les conférences bien formées, ſont certainement les meilleurs moyens pour continuer à perfectionner les bonnes habitudes & les lumiéres que l'on a commencé de prendre dans la bonne éducation, & pour perfectionner beaucoup plus promtement dans les

Etats,

Etats, les loix, les réglemens, les établissemens, les découvertes importantes, en un mot,
les ouvrages les plus estimables de la raison
humaine.

Le Roi George second, de la Maison de
Brunswick, gouverne l'Angleterre. Le Roi Jaques troisiéme, que l'on nomme le Prince Prétendant, demeure à Rome aux dépends du Pape. Le Roi son pére fut chassé d'Angleterre en
1688. parce qu'à la sollicitation de la Reine
sa femme, petit genie, il avoit dessein de rétablir dans son Royaume l'autorité du Pape,
que les Anglois craignent comme déraison-
nable & tyrannique, surtout parce que les
Papes se donnent pour infaillibles, pour égaux
en autorité aux Conciles généraux, & pré-
tendent avoir le droit de dispenser les sujets de l'obeïssance & du serment de fidélité à
leurs Souverains. Ce qu'il y a de plus à craindre pour le Roi George second & pour ses
descendants, c'est que la postérité du Prince
Prétendant ne fasse un jour profession de la
Religion Anglicane. Il n'y aura plus alors
que l'établissement de la Diéte Europeane, s'il
est formé, qui puisse le rassurer pour toujours,
contre de pareilles prétentions.

Les

Les Hollandois ne fongent qu'à augmenter leur commerce, & par conféquent ils éviteront d'autant plus la guerre, qu'ils ne font pas fi fufceptibles de colére que les Souverains, & qu'ils font par conféquent plus difpofés à écouter leurs plus grands intérêts.

La France eft un peu plus puiffante que n'eft l'Empereur tout feul ; mais l'intérèt des François & l'inclination du Roi eft de rétablir le crédit public & d'affermir la paix en Europe, & c'eft l'efprit du Cardinal de Fleuri qui a l'autorité & les fonctions de Miniftre général fans en prendre le titre.

L'Empereur n'a point de garçons, & a intention de donner tous fes Etats à fa fille ainée qu'il deftine au Duc de Lorraine fils de fon coufin germain. Il a des Etats en Italie, en Flandres & en Hongrie, & des voifins puiffants ; ainfi il auroit grand intérèt de former une ligue générale & perpétuelle, c'eft à dire, la Diéte Europeane qui foit garante de l'exécution de fes difpofitions teftamentaires.

L'Efpagne a auffi grand intérèt d'un côté de s'affûrer la confervation de l'Amerique, & d'affurer à Dom Carlos la confervation de fes Etats. Or le moyen le plus fûr, c'eft de conclure

clure une ligue générale défenfive avec tous les Souverains d'Europe, & par conféquent de former & d'affermir l'établiffement de la Diéte Européane par la fignature des cinq articles fondamentaux que voici.

ARTICLES FONDAMENTAUX DE LA DIETE EUROPEANE.

I.

Il y aura déformais entre les Souverains d'Europe qui auront figné les articles fuivants, une alliance générale & perpétuelle.

Premiérement, pour former le corps de l'arbitrage Européan.

Secondement, pour avoir fûreté parfaite & perpétuelle contre toutes guerres civiles & étrangéres.

Troifiémement, pour avoir fûreté parfaite & perpétuelle de leur confervation perfonnelle, & de la confervation de leur poftérité fur le Trône.

Quatriémement, pour avoir fûreté parfaite & perpétuelle de la confervation de leurs Etats & de leurs droits en l'état qu'ils les poffédent actuellement & fuivant les derniers Traités.

Cin-

Cinquiémement, pour avoir une grande diminution de leur grande dépense militaire, afin de s'employer plus utilement à augmenter les richesses & le bonheur de leurs sujets.

Sixiémement, pour avoir toûjours la plus grande liberté qu'il soit possible dans leur commerce.

Septiémement, pour avoir toujours sûreté parfaite de l'exécution entiére & perpétuelle de leurs promesses reciproques tant passées que futures.

Huitiémement, pour avoir sûreté entiére que leurs differends présents & futurs seront toûjours terminés sans aucune guerre.

II.

Les membres du Corps Européan, pour terminer entre eux leurs differends présens & à venir, ont renoncé & renoncent pour eux & pour leurs Successeurs, à la voie funeste & ruineuse des armes, & sont convenus de prendre toujours la voie de la conciliation dans la Diéte Europeane, par la médiation de quelques Plénipotentiaires des membres du Corps Européan: & en cas que cette médiation ne suffife pas, ils font convenus de s'en raporter au jugement des autres membres repréfentés à la Diéte Européane par leurs Plénipotentiaires, à la pluralité des voix pour la provifion, & aux trois quarts des voix pour le jugement défini-tif, qui ne s'y fera que cinq ans après le juge-ment provifoire.

III.

Les dix-neuf plus puiffants Souverains de l'Europe feront invités à figner ces cinq arti-cles fondamentaux pour la formation du Corps Européan: favoir,

Premiérement, l'Empereur;

Secondement, le Roi de France;

Troifiémement, le Roi d'Efpagne;

Quatriémement, le Roi de Portugal;

Cinquiémement, le Roi d'Angleterre Electeur d'Hanover;

Sixiémement, la République d'Hollande;

Septiémement, le Roi de Dannemarck;

Huitiémement, le Roi de Suéde;

Neuviémement, le Roi de Pologne Electeur de Saxe;

Dixiémement, la Czarine;

Onziémement, le Roi de Naples;

Dou-

Douziémement, le Roi de Pruffe ;

Treiziémement, l'Electeur de Bavière ;

Quatorziémement, l'Electeur Palatin ;

Quinziémement, les Suiffes & Affociés ;

Seiziémement, les Electeurs Eccléfiaftiques &
villes libres de l'Empire ;

Dixfeptiémement, la République de Venife ;

Dixhuitiémement, le Pape, Malte, Modéne,
& Génes ;

Et dixneuviémement, le Roi de Sardaigne.

Ils auront tous chacun une voix, & contribueront chacun felon leurs revenus & leurs
charges, aux dépenfes communes pour la fubfiftance des troupes de l'Alliance générale fur
les frontiéres ; & cette contribution fera réglée
au Congrès à la pluralité des voix des Alliés
pour la provifion, & cinq ans après aux trois
quarts des voix pour la définition.

I V.

Si quelqu'un des Affociés ou autres Souve-
verains refufoient l'arbitrage de la Diéte, &
d'exécuter le jugement de la grande Alliance,
s'il faifoit des préparatifs de guerre, s'il tentoit
de faire des négotiations pour divifer les Alliés ;
la grande Alliance le regardera comme perturbateur

teur du repos de l'Europe, & agira contre lui offensivement jusqu'à-ce qu'il ait accepté l'arbitrage, exécuté le jugement, & donné sûreté de réparer le tort qu'il aura causé & de rembourser les frais de la guerre aux Alliés.

V.

Les membres du Corps Européan sont convenus, que leurs Plénipotentiaires à la pluralité des voix pour la provision, & cinq ans après aux trois quarts des voix pour la définitive, régleront dans la Diéte perpétuelle Européane, tous les articles qu'ils jugeront importants, pour procurer non seulement plus d'union & de solidité au Corps politique Européan, mais encore une augmentation de sureté pour chacun des membres contre tous les événemens futurs, & tous les autres avantages que pourra produire cette union perpétuelle. Au reste l'on ne pourra jamais rien changer à ces cinq articles fondamentaux sans le consentement unanime de tous les membres.

Les alliances partiales, quoique purement établies pour la défense commune des Etats Alliés, ont plus d'apparence que de solidité; parce que le Prince habile & ambitieux, qui n'est

Ann. Polit. I. part.   D   point

point de cette Alliance , n'a pas de peine à jetter de la défiance & de la jalousie entre ces Alliés pour les désunir. Il n'y aura jamais d'alliance durable pour la conservation des Souverainetés sans deux conditions ;

Premiérement, il faut qu'elle soit entre tous les Princes les plus puissans de l'Europe ;

Secondement, il faut que l'Allié ait évidemment beaucoup plus à craindre qu'à espérer, s'il se séparoit de l'Alliance, afin qu'il ne puisse jamais être tenté de s'en séparer.

Les affaires publiques sont de deux sortes : les unes se gouvernent par les loix & par les Juges qui en sont les interprétes, telles sont les affaires entre particuliers ; il importe peu à l'Etat dans le détail, que ce soit Paul ou que ce soit Pierre qui ait droit à telle chose , pourvû que chacun d'eux puisse facilement connoître son droit, & éviter les frais & les autres malheurs que causent les procès.

Il y a des affaires importantes, mais qui ne sont pas regardées comme pressées. Ce sont les réglemens & les établissemens ; celles-là sont ordinairement longtems négligées, parce que les Ministres vont toujours, comme on dit, au plus pressé , & que ce plus pressé , quoique souvent

vent

vent peu important, ne laiffe pas de former un courant d'affaires de particuliers, folliciteurs preffans, & ces petites affaires emportent prefque tout le tems, & toute l'attention des Miniftres, qui devroient fe tourner auffi à perfectionner les anciens établiffemens & à en former de nouveaux.

Il y a des affaires qui font importantes & preffées, comme les finances, la négociation avec les Etrangers, & fur - tout, les affaires de la guerre. Elles ne fe font pas comme celles de la juftice, de la police, de la Religion, du commerce intérieur, de l'éducation, & comme les autres affaires, qui fe font, pour ainfi dire, d'elles-mêmes, par les établiffemens précédens; il faut continuellement veiller aux affaires de la guerre, de la négociation & des finances ; ces trois fortes d'affaires ont leurs Miniftres particuliers fubordonnés au Miniftre général.

Il y a toujours dans les Cours une quatriéme efpéce d'affaires qui occupent les Miniftres, à proportion que celui qui gouverne eft léger, timide, peu éclairé & inconftant : ce font les intrigues des Courtifans, qui vifent par leurs accufations à déplacer les Miniftres, pour en mettre d'autres à leurs places.

D 2

Cette

Cette forte d'affaires particuliéres, partage quelquefois l'attention des Miniftres, au grand préjudice des affaires publiques : car il faut que pour conferver leurs fortunes contre les artifices de leurs ennemis, ils ayent beaucoup d'efpions & d'efpionages, beaucoup de ménagemens & de foins pour les Favoris, & pour les Favorites, & qu'ils facrifient fouvent la juftice & les intérèts du Roi & de l'Etat à des intérèts particuliers : mais cette efpéce d'affaires eft fort diminuée par la fermeté que le Roi a marquée en plufieurs rencontres, à foutenir le Miniftre géneral.

Les changemens des mœurs d'une Nation viennent de plufieurs caufes :

Premiérement, du plus ou du moins de richeffes des particuliers & de l'Etat.

Secondement, du grand perfectionnement de certains arts propres à rendre la vie commode.

Troifiémement, de l'augmentation de certains commerces.

Quatriémement, du plus d'attachement à la gloire qu'à la volupté, ou du plus d'attachement à la volupté qu'à la gloire.

Cinquiémement, des opinions fur ces fortes

de

de gloires qui doivent être regardées comme les plus précieuses.

Sixiémement, quelquefois ce changement de mœurs vient d'un génie puissant en paroles quoique fanatique. Les fanatiques ont une éloquence victorieuse, & le fanatisme parmi les ignorans, se gagne comme par contagion.

Septiémement : ces changemens de mœurs viennent encor des longues guerres ou civiles ou étrangéres.

Huitiémement, des mœurs d'une Nation victorieuse & dominante.

Neuviémement : les mœurs nouvelles, les coutumes nouvelles viennent particuliérement des nouveaux établissements, des nouveaux réglemens qui sont faits pour honorer & récompenser les vertus & les talens utiles à la Societé.

L'homme cherche naturellement à être distingué entre ses pareils, & les charges & les emplois lui donnent une grande distinction : or si pour avoir à présent cette sorte de distinction dans le Royaume, il n'est pas nécessaire d'avoir ni plus de vertus ni plus de talens utiles à l'Etat que ses pareils, mais s'il suffit présentement d'avoir de l'argent pour

acheter ces charges , ces emplois qui fe vendent au plus offrant , & d'avoir des protec-
tions à la Cour ; il n'eft pas étonnant, que
les richeffes foient beaucoup plus eftimées dans
nôtre Royaume que les vertus , & que les talens les plus utiles au bonheur de la Nation.
Mais fi quelque Miniftre général , homme de
bien , faifoit ceffer parmi nous la malheureu-
fe vénalité des charges & des emplois, & fi
pour les remplir il établiffoit différentes claffes de différens âges dans chaque principale
profeffion , & fi pour connoître avec certitude & avec précifion ceux qui fe diftinguent par
leurs talens & par leurs vertus , s'il établiffoit & perfectionnoit la méthode du fcrutin
par des Commiffaires , il fe feroit alors un
changement très grand dans nos opinions ,
fur ce qui eft plus ou moins eftimable , & par
conféquent dans les mœurs de la Nation.

Dixiémement : les gens de guerre vers 1600.
étoient plus accoutumés à la fatigue qu'en
1730 ; ils portoient des armes deffenfives &
offenfives plus pefantes ; ils mangeoient à la verité avec égal plaifir , mais avec moins de dé-
licateffe.

Onziémement : comme l'on remarque que
les

les batailles perdues ne faiſoient pas perdre une Province quand il y reſtoit des places forti-fiées, châque Prince s'eſt mis à en fortifier de nouvelles, pour ne pas perdre tout ſon Etat en un jour; & comme les places ne ſe prenoient point par la Cavalerie, on a com-mencé à multiplier l'Infanterie en diminuant la Cavalerie.

Douziémement : la valeur n'eſt guères moin-dre dans les gens de guerre qu'en 1600, par-ce qu'elle a été exercée dans les guerres étran-géres. Il y a même plus d'émulation entre les Officiers qu'en 1600, parce qu'il y a plus d'em-plois, plus de Gouvernemens & plus de pen-ſions à donner.

Treiziémement : mais comme pour diſtribuer ces grades & ces récompenſes, la Cour n'a point encore le ſecret de conſulter les ſuffrages de chaque compagnie de trente pareils dans les différentes claſſes ſupérieures & inférieures, & comme le Miniſtre conſulte les recommandations des Favoris & des Favorites, ou le degré d'at-tachement que les prétendans ont pour lui, on voit beaucoup de bons & de braves Officiers laiſſés derriére; on voit préférer des gens qui ne les valent pas; ce qui en décourage un

D 4

grand

grand nombre & diminue fort l'émulation entre eux ; aussi l'on songe encore aujourdhui
bien moins à bien servir qu'à bien faire sa
Cour aux Ministres, aux Favoris, aux Femmes, & même aux Commis des Ministres.

Quatorziémement : la multitude des graces
à distribuer fait qu'il n'y a aucune Cour en
Europe où chacun ait plus d'intérêt de s'é-
tudier à plaire en toutes maniéres, & sur-tout
par les diverses espéces de flatteries, que dans
la nôtre. Ainsi on peut dire qu'il n'y a aucune Nation, dont les déhors des Courtisans
ayent plus de politesse ; & leurs maniéres polies passent d'autant plus aisément aux habitans de Paris, que les Courtisans font plus
de séjour à Paris qu'à Versailles.

Quinziémement : il ne faut pourtant pas
s'y tromper, cette politesse n'est qu'extérieure ; car ces mêmes hommes qui saluent, qui
embrassent, qui loüent, qui flatent un Courtisan favorisé, lui font le moment d'après
une tracasserie, & lui rendent un mauvais of-
fice auprès du Roi, auprès du Ministre, auprès du Favori. Mais aussi n'y a-t-il que
les Provinciaux qui soient trompés au véritable prix des complimens des Courtisans.

Sci-

Seiziémement : cependant , il faut avoüer que quelque légére que ſoit cette eſpéce de monnoie de politeſſe extérieure en diſcours & en manières , elle ne laiſſe pas d'être d'un grand uſage pour le commerce ; & entre la néceſſité de ſe dire tous les jours mutuellement des choſes déſagréables les uns aux autres , en ſe diſant ce que l'on penſe réellement les uns des autres , ou dans la néceſſité de ſe tromper un peu mutuellement par des diſcours polis, il n'y a pas à balancer : il vaut beaucoup mieux ſe tromper , ſauf aux bons eſtimateurs à rabattre beaucoup de l'eſtime que marque cette politeſſe.

Dixſeptiémement : au reſte , il n'eſt pas étonnant que la Nation des Courtiſans ſoit fort exercée dans la diſſimulation & dans la tromperie ; car ſans cela quelle poſſibilité y auroit-il de vivre poliment avec des gens avec qui l'on a inceſſamment quelque choſe à partager , charges , emplois , gouvernemens , eſtime , faveurs ; lorſque chacun ſe croit plus eſtimable que ſon concurrent , quel moyen de vivre enſemble , ſi l'on ne ſe trompe mutuellement par une politeſſe extérieure.

Dixhuitiémement : nos Dames de la Cour,

à

à la maniére des femmes d'un médiocre efprit,
aiment la parure & la magnificence : elles donnent le ton aux autres Dames & aux Courtifans,
& c'eft un mérite à la Cour que d'être mieux
mis & plus richement habillé qu'un autre. Le
Roi Louis XIV. avoit fucé ce gout dès fon
enfance, & chacun fongeoit à fe diftinguer,
en perfectionnant les modes ; & quantité de gens
pouffoient ces fortes de dépenfes à l'excès, &
aimoient mieux fe diftinguer par faire des injuftices criantes à leurs créanciers, que de ne
pas avoir le plaifir de fe diftinguer par la magnificence & par le bon air des habillemens ;
plaifante diftinction ! Au refte ils cachoient leurs
dettes : ainfi ceux de qui ils ambitionnoient
d'être diftingués par leur parure, ne favoient
rien de leurs injuftices envers leurs créanciers,
dont ils ne fe foucioient pas beaucoup d'être
méprifés & haïs.

Dixneuviémement : la dépenfe de la table,
des meubles & des logemens, eft beaucoup plus
grande & mieux entendue que celle que l'on
faifoit il y a foixante & dix ans ; & cette dépenfe & ces commodités iront apparemment en
croiffant, parce que les arts vont toujours en
fe perfectionnant ; & le gros du monde riche,

ne

ne pouvant se distinguer par l'usage de talens qu'il n'a point, cherche à se distinguer par sa dépense des richesses qu'il posséde.

L'homme riche est souvent assez sot pour s'estimer beaucoup plus que son voisin, homme de vertu & de talens, qui n'est pas riche: celui qui est environné de valets, & qui habite un beau palais, est assez porté à croire sottement qu'il vaut beaucoup mieux que l'homme vertueux qui n'a rien de tout cela : c'est la maniére ordinaire de juger du bas peuple, & il est surprenant combien de gens de qualité de peu d'esprit sont en ce point bas peuple eux-mêmes.

Vingtiémement : les carosses ont été inventés au commencement du dernier siécle, & il y en avoit à peine cent dans Paris, qui n'étoient que pour l'usage des grandes Dames : les hommes ne se servoient guéres que de chevaux de selle ; & comme Paris en 1658. n'étoit pas suffisamment pavé, & qu'il n'y avoit point encore assez de tombereaux pour ôter les boues, il n'étoit presque pas possible d'aller autrement qu'à cheval & même en bottines dans la ville ; les bottines & éperons dorés durérent même encore dans les visites ordinaires, & ceux qui

n'an'avoient ni chevaux ni caroffes ne laiffoient pas de faire leurs vifites en bottines blanches. Les caroffes à vitres aux portiéres & au devant furent inventés il y a quatre-vingt ans, & feu Monfieur le Prince de Condé en amena un de Bruxelles vers 1660. où il y avoit des vitres : on a inventé depuis les glaces & plufieurs commodités pour les caroffes, les refforts pour adoucir la foupente, les arcs pour tourner facilement dans les ruës étroites, les berlines entre deux brancarts qui font beaucoup moins verfantes : ces voitures ont fervi à augmenter le luxe & la molleffe : or ces commodités nouvelles ont contribué à diminuer la force & la fanté par la diminution de l'exercice du corps : c'eft depuis cette diminution d'exercice & depuis l'augmentation de la bonne chére, que l'on fe plaint des vapeurs & des migraines, & que les différentes efpéces de petites maladies fe font multipliées parmi les riches.

Vingt-uniémement : dans les guerres civiles chacun portoit l'épée, & furtout les Officiers & les Gentilshommes : or beaucoup de bourgeois, afin de paffer pour Officiers & pour Gentilhommes ou pour gens au-deffus du peuple, prirent

rent auſſi l'épée, comme une diſtinction, & l'ont gardée comme parure, & la gardent encore aujourdhui même à l'Egliſe & dans les viſites, en pleine paix, ce qui eſt très incommode & très ridicule; car il n'eſt guères moins ridicule de porter une épée à l'Egliſe & en viſite que d'y porter un mouſqueton : d'ailleurs tout le monde ſait que l'uſage de porter l'épée à la ville eſt ſujet à de grands inconvénients, & que l'épée ne fait plus diſtinguer le valet de chambre du Gentilhomme : tels ſont encore parmi nous les débris de nos guerres civiles : les épées s'en iront bientôt avec les bottines à éperons dorés : mais il faudroit auparavant une marque ſur l'habit qui diſtingue le noble du roturier : par exemple une petite fleur de ſoie blanche brodée & apliquée à l'habit.

Vingt - deuxiémement : on commença vers 1648. à jouer aux cartes à la Cour : le Cardinal Mazarin étoit fin joueur, & jouoit gros jeu : il engagea le Roi & la Reine Régente à jouer, & chacun à l'envi pour faire ſa Cour apprit à jouer : l'on préféra bientôt les jeux de pur hazard ; on y paſſoit les nuits, on y faiſoit de groſſes pertes ; & le jeu, qui pouvoit ſervir d'amuſement & de délaſſement pris avec

mo-

modération , devint une occupation & une passion ruineuse , tant pour la fortune que pour la santé. Ce qui fut de plus fâcheux , c'est que les jeux de cartes , qui étoient passés de l'armée à la Cour, passérent bientôt de la Cour à la ville , & de la ville capitale dans toutes les petites villes des Provinces : avant cela il y avoit de la conversation , les uns apprenoient des autres ; on lisoit, & la lecture des livres nouveaux & anciens fournissoit à la conversation : la mémoire & l'esprit étoient bien plus exercés ; les hommes commencérent à quitter peu à peu les jeux d'exercice, comme la paume, le mail, le billard, & ils en sont devenus plus foibles & plus mal sains, plus ignorans , moins polis, plus inapliqués.

Vingt - troisiémement : Les femmes, qui jusques alors s'étoient fait respecter, accoutumérent les hommes avec qui elles jouoient toute la nuit, à n'avoir pour elles aucun respect : elles ont même souvent besoin d'emprunter ou pour jouer ou pour payer ; & l'on sait combien elles ont alors de facilités & de complaisances pour ceux dont il faut qu'elles empruntent : non seulement plusieurs femmes incom-

mo-

modent leurs affaires par le jeu, mais elles en font ſi occupées, que pour le jeu elles négligent pluſieurs parties importantes du gouvernement de leur famille, l'éducation de leurs enfans; ne cherchant point les divers expédiens néceſſaires pour réuſſir dans leurs autres affaires; & cette vie diſſipée les diſpoſe le plus ſouvent à ſonger à ſe ſéparer de leurs maris.

Vingt-quatriémement: les joueurs de profeſſion ne ſont pas plus capables de gouverner une famille, que les joueuſes; au contraire, comme ils diſpoſent du bien de la famille, ils la ruinent plus promtement. C'eſt une grande plaie pour l'Etat : on a ſouvent tenté de bannir les jeux de hazard : mais je ne ſai ſi pour en venir à bout il ne faudroit pas bannir entiérement tous les jeux de cartes, & même le petit jeu, le jeu moderé, parce qu'une longue pratique de modération eſt plus difficile qu'une privation entiére du jeu : mais il faudroit pour cela beaucoup de fermeté & de conſtance dans celui qui gouverne : choſe rare !

Vingt-cinquiémement: la vénalité des charges nous a ôté la plus grande partie de l'émulation que nous avions pour acquerir les talens & les qualités propres pour y réuſſir :

com-

comme il ne faut plus que de l'argent pour être Confeiller ou Préfident ou Maître des Requêtes, & que l'on ne péfe plus ni les qualités ni la naiffance, les fils de Financiers ou de riches marchands, quoique fans vertus & fans talens, font préférés pour les charges aux Nobles mêmes, qui ont des talens & de la vertu, mais qui n'ont point de quoi acheter : cela caufe deux fortes de maux, les Financiers fe multiplient, ce qui introduit les ufures & les vexations; les enfans de bons Marchands, au lieu de continuer avec fuccès & à l'avantage de la Nation le commerce de leurs péres, fe jettent dans la Robe : & telle eft aujourdhui la route funefte des honneurs & des emplois de la Magiftrature.

Vingt-fixiémement : ce même poifon de la vénalité commença en 1650. à fe répandre fur les emplois de guerre : on ne demanda plus ni âge, ni expérience, ni fervices, ni valeur éprouvée, ni talens pour être Colonel; on ne demanda plus que de l'argent : les places eccléfiaftiques de chez le Roi fe vendirent de même, & nous avons vû cette même vénalité s'étendre jufques dans la Marine & dans l'Artillerie; & ce fera un jour une des principales

caufes

cauſes du bouleverſement de la Monarchie, ſi quelque Roi par ſa ſageſſe ne remédie promtement aux grands maux cauſés par la vénalité des charges & des emplois.

Vingt-ſeptiémement, il n'y a perſonne entre ceux qui penſent & qui aprofondiſſent un peu les matiéres les plus importantes au bonheur, qui ne ſache que le principal moyen d'éviter l'Enfer & d'obtenir le Paradis, c'eſt d'éviter de faire aucun mal, aucune injuſtice à ſon mari, à ſa femme, à ſes domeſtiques, à ſon maître, à ſes voiſins, de peur de déplaire à Dieu; que le ſecond moyen, c'eſt de leur procurer tous les biens qui ſont en nôtre pouvoir pour lui plaire; cependant par un effet des anciennes coutumes de nos péres, produites elles-mêmes par une ancienne ignorance, le peuple néglige ces deux moyens eſſentiels, pour ſe livrer à des moyens incomparablement moins efficaces, tels que ſont quantité de cérémonies, de longues récitations de priéres, de jeûnes, de pélérinages, qui ne produiſent aucun avantage ni aux pauvres, ni aux ignorans, ni aux voiſins, & qui ne réparent point les injuſtices que l'on a commiſes. Mais ces dévotions extérieures iront, à ce que j'eſpére, en diminuant, & l'obſervation exac-

Ann. Polit. I. part.　　　　E　　　　te

te de la juſtice & la pratique de la bienfaiſan-
ce mutuelle iront en augmentant, à meſure
que la raiſon univerſelle prendra de l'accroiſſement parmi les hommes, & à meſure que l'empire du fanatiſme, enfant de l'ignorance anti-
que de nos ancêtres, diminuera parmi nous.

Vingt-huitiémement, les débauches du caba-
ret ont été portées fort loin, mais elles ſont
bien diminuées depuis que les plus ſenſés ont
pris la coutume de manger les uns chez les autres, & de ne ſe piquer plus ſottement à qui
boiroit un ſçeau de vin comme un éléphant;
ce qui a ſervi à nous guérir de ces débauches,
ce ſont les morts preſque ſubites de pluſieurs
de ces yvrognes, dans la fleur de leur âge,
qui étoient parvenus à ne gouter plus que les
liqueurs fortes.

Vingt-neuviémement, les grandes commodités que l'on trouve à Paris ont bien corrompu nôtre jeuneſſe, & la plupart ſe dégoutent
de bonne heure du travail & de l'application,
& ſe jettent dans les bras de la volupté; parce
que nos loix ne ſont pas encore aſſez ſages, pour
récompenſer dignement par des honneurs ceux
qui ſe diſtinguent entre leurs pareils par des
travaux utiles à la ſocieté; & c'eſt particuliérement

rement dans cette vûe que j'ai écrit pour faire établir & perfectionner parmi nous le ſcrutin entre pareils , lorſqu'il eſt queſtion d'emplois de Claſſes ſupérieures , à remplir par
les plus capables de la Claſſe inférieure ; ou
lorſqu'il eſt queſtion d'honneurs ou de pen-
ſions à diſtribuer aux ſujets les plus dignes
dans chaque compagnie de trente de chaque
Claſſe.

Trentiémement , nos ſavans depuis quatre-
vingt ans ont beaucoup donné dans les curio-
ſités peu utiles des ſciences : nos beaux eſprits
ont fort étudié les obſervations qui pouvoient
rendre leurs ouvrages plus agréables ; nous ne
faiſons que commencer à voir qu'il ne leur ſuffit pas de plaire aux Lecteurs , mais qu'il faut
encore leur être plus utile que les autres Auteurs
ſoit modernes ſoit anciens. Ils ont à la vérité
procuré à leurs contemporains des plaiſirs paſſa-
gers ; mais la plupart n'ont pas aſſez de diſcer-
nement , pour voir qu'il ne s'agit pas tant dans
leurs ouvrages , de diſputer avec leurs pareils ,
ou d'eſprit , ou de beauté d'eſprit , ou de pénétration d'eſprit , ou de mémoire ornée de
faits curieux ; mais de diſputer d'ouvrages qui
produiſent à l'Etat des avantages ſolides , du-

ra-

rables, & qui regardent non seulement l'augmentation du bonheur des contemporains, mais encore la grande augmentation du bonheur de la postérité : nôtre raison est encore très foible de ce côté là.

Le Roi Louis XIV. eut vingt ans le 5. Septembre 1658. La Reine sa mére l'avoit fait déclarer majeur au Parlement le 7. de Septembre 1651. à treize ans & un jour ; mais cette déclaration ne fut qu'une cérémonie : rien ne changea dans le Ministère : on cessa seulement dans les Arrêts du Conseil, dans les Déclarations & dans les Edits, de mettre ces mots : *de l'avis de la Reine Régente* &c. mais elle gouvernoit également sous le nom du Roi, & le Cardinal Mazarin gouvernoit également comme Ministre général. sous l'autorité de la Reine. Il étoit naturel que la Reine & le Cardinal souhaitassent de garder longtems cette administration, & pour cela ils n'avoient rien de mieux à faire, que de laisser le Roi s'amuser, & s'occuper tout le jour des plaisirs de son âge : ainsi il s'éloignoit de lui-même, autant qu'ils pouvoient le désirer, de toute sorte d'application aux affaires du Gouvernement. Dans cette situation, il n'est pas étonnant qu'il

crai-

craignit le travail & la peine que donne une
attention fuivie ; ainfi il avoit vingt ans, qu'il
ne fongeoit encore qu'à des ballets, à des
mafcarades, à des tournois, à des comédies, à
des chaffes, à jouer aux cartes ou aux dés, &
furtout à des petites intrigues d'amour. Il étoit
beau, grand, bien fait, doux, poli, plus capable de paffion pour les femmes que de dé-
bauche : le Cardinal Mazarin avoit fait venir
d'Italie fes niéces : l'ainée Mancini, depuis mariée au Connétable Colonne, gaie, vive, fpi-
rituelle, hardie, plaifoit fort au Roi ; elle avoit
dix-fept ans, bien faite, d'une jolie taille ,
d'un vifage affez agréable ; ce fut la premiére
paffion du Roi, & il n'auroit pas mieux demandé que de l'époufer ; mais Anne d'Autriche n'auroit jamais confenti à la préferer à Marie Théréfe Infante d'Efpagne fa niéce. C'étoit grand
dommage pour l'Etat, que depuis la majorité
la Reine eût pris fi peu de foin d'engager in-
fenfiblement le Roi à fortifier fon efprit par l'application aux affaires du Gouvernement, lui qui
avoit naturellement l'efprit jufte ; on ne lui
infpira même aucun gout pour la lecture, pas
même pour l'hiftoire, qui eft prefque le feul
moyen d'inftruire les Rois de leurs fautes &

E 3

de

de leurs devoirs, en leur montrant les fautes & les malheurs des Souverains leurs pareils : il y avoit des esprits plus pénétrans, plus vifs, plus étendus que celui du Roi ; il n'y en avoit point qui eussent plus de justesse : mais faute de gout pour la lecture il ne pouvoit profiter que dans la conversation des lumiéres des autres. Ainsi les bons mémoires bien raisonnés sur les diverses parties du métier d'un Roi ne pouvoient jamais lui servir de rien, & la lecture, ce moyen unique pour étendre & fortifier l'esprit, fut pour lui, & malheureusement pour nous, un moyen absolument inutile pour devenir bon Roi. L'esprit comme le corps n'a de forces qu'à mesure qu'il est exercé de bonne heure & longtems, & à mesure que l'on a acquis l'habitude à l'application & à fixer son attention plus ou moins longtems de suite sur une même matiére ; la mesure de la grande & de la longue attention est la mesure de la force de l'esprit ; le Roi dans son éducation n'avoit jamais eu aucune attention suivie sur aucune matiére ; il changeoit dès qu'il s'ennuyoit ; ainsi il n'est pas étonnant que l'attention la moins longue l'ennuyat ; or comme il n'étoit jamais contraint par ses maîtres, il changeoit souvent, & n'a-

voit

voit point par conséquent la grande force d'efprit qui vient de l'application fuivie. Il écoutoit volontiers des faits qu'il comprenoit facilement, il les racontoit même avec grace ; mais pour les raifonnemens, fur-tout ceux qui fupofent d'autres raifonnemens précédents , ils étoient au deffus des forces de fon efprit, parce qu'il n'avoit pas acquis d'habitude à l'application ; & comme il ne comprenoit pas facilement la force d'un raifonnement fuivi, il ne faififfoit jamais entiérement & fortement , ce qu'il ne faififfoit pas d'abord : telle eft la portée d'un efprit médiocre ; mais comme dans la fuite il vouloit fortement & affez conftamment ce qu'il vouloit , c'eft de ce côté-là qu'il y avoit du grand dans fon caractére, & c'eft avec cette ef- pèce d'opiniâtreté & de conftance qu'il a fur- paffé la plupart de fes Prédéceffeurs & de fes Contemporains : j'appelle opiniâtreté le defir conftant de s'agrandir par la guerre , & de montrer aux étrangers la jufteffe & l'étendue de fon goût dans les arts , & fa puiffance dans tout ce qui regarde le fafte ; de forte qu'il n'eft pas étonnant , que les arts qui viennent du fafte, & fur-tout l'art militaire, ayent été fort perfectionnés en France durant fon Régne ;

E 4   plût

plût à Dieu que pour fa gloire & pour nôtre bonheur il eût défiré auffi conftamment de maintenir la paix en Europe & d'augmenter les richeffes & les bons établiffemens interieurs ! Mais il n'avoit pas l'idée de cette forte d'agrandiffement.

Ce qui compofe la Cour, c'eft une multitude prodigieufe de gens qui efpérent des bienfaits qui font à la difpofition du Roi ; il y avoit journellement des Abbayes, des Evêchés, des, Gouvernemens, des Charges, des penfions & autres graces à donner ; mais comme il n'y avoit point de régle fure pour connoitre ceux qui fe diftinguoient par la fupériorité de mérite national, & comme tout fe donnoit par la recommandation des Dames, des Miniftres & des Favoris, la Cour étoit remplie de Courtifans attentifs à plaire à la Reine Mére, au Roi fon fils, au Cardinal Mazarin Miniftre général, aux Favoris, & aux amis des Favoris ; mais en même tems fort attentifs à détruire & à fupplanter adroitement leurs rivaux. Beaucoup de complimens & de maniéres polies, mais peu de fidélité & de probité, c'eft le caractère le plus commun des Courtifans ; car les gens de probité qui aiment mieux la vertu

que

que la fortune, font très mauvais Courtifans ;
ils font bientot fupplantés, & c'eft la deftinée
des honnêtes gens, qui n'attaquent point les
méchans & les fourbes, & qui font toujours
fourdement attaqués par les envieux toujours
calomniateurs.

Comme le Roi fous le Miniftère du Cardinal avoit peu de crédit dans la diftribution des
graces, fes Favoris lui infinuoient de tems en
tems des motifs pour prendre lui-même foin
de fes affaires, & heureufement les vües de fes
flateurs le difpoférent peu à peu à la réfolution de s'appliquer à fon métier de Souverain.
Quoiqu'il n'ordonnat prefque rien, & qu'il
n'eût, pour ainfi dire, que la voie de la recommandation & de la priére auprès du Cardinal & de la Reine, les Courtifans n'avoient
pas laiffé de remarquer qui avoit de la fermeté & de la conftance, & qu'il en avoit par
conféquent dans la confiance qu'il avoit à l'habileté du Cardinal Mazarin. Cette feule idée
que l'on prit peu à peu de la conftance du
caractére du Roi, qu'il montra depuis qu'il eut
atteint dix-fept ou dix-huit ans, diffipa peu à
peu toutes les vués des factieux de fon Royaume : ils ne fongérent plus à brouiller, fous

pré-

prétexte que le Miniſtre abuſoit de l'autorité du Roi contre les intérêts de l'Etat : ils ſavoient tous que le Roi vouloit conſtamment ce qu'il vouloit, & que voulant ſoutenir ſon Miniſtre il le ſoutiendroit juſqu'au bout. Il avoit hérité cette conſtance qu'eut le feu Roi Louis XIII. ſon pére à maintenir le Cardinal de Richelieu ſon Miniſtre Général ; c'eſt cette conſtance qui ſeule fut cauſe des ſuccès de ſon Régne, & l'on peut dire que ſi Anne d'Autriche dans ſa Régence avoit marqué plus de fermeté, & même un peu de colère, dans les occaſions, au lieu de marquer quelquefois de la crainte & de l'inconſtance, elle auroit toujours eu une Régence tranquille ; mais environnée de femmes ou craintives ou artificieuſes & inſpirées par des brouillons, elle ne pouvoit guéres gouverner autrement qu'elle gouverna : les Eliſabeth d'Angleterre ſont rares parmi des femmes.

Il ne manquoit pas de factieux à la Cour ; mais la crainte les empêchoit de faire des progrès ; & quand les factieux auroient pû mettre Monſieur frére unique du Roi à la tête d'un parti, ils n'auroient jamais pû en attendre rien de ſolide ; ainſi le Cardinal Mazarin ré-

régna avec fureté & avec tranquillité jufqu'à fa mort, par le caractère du Roi pareffeux, mais conftant.

Le Roi fuppléoit alors à fon peu d'application aux affaires, comme le Roi fon Pére, par la confiance qu'il marquoit conftamment pour un homme qui s'appliquoit & qui travailloit à fa place : on verra dans la fuite que le Roi s'appliqua aux affaires, dès que le Cardinal Mazarin fut mort, & avec quel fuccès il s'y appliqua.

Le but principal que je me fuis propofé dans ces Annales, n'eft pas de remarquer les vertus & les défauts des hommes du côté de la Morale, mais les entreprifes tantôt prudentes, tantôt imprudentes, dans la Politique. L'Hiftorien d'un homme illuftre doit vifer à rendre fon Lecteur plus heureux, & par conféquent plus appliqué à acquerir les talens de fa condition les plus utiles à la patrie, & plus ardent à devenir plus vertueux par la peinture des diverfes récompenfes qui fe donnent aux fuccès & par conféquent aux talens & aux vertus. Mais l'Hiftorien, ou plutôt le Journalifte Politique, vife plus loin qu'à augmenter le bonheur de quelques Lecteurs, il vife à aug-

men-

menter le bonheur de fa patrie entiére, en montrant à ceux qui doivent la gouverner les bonnes vuës de ceux qui ont gouverné avant lui, afin qu'ils puiffent les imiter, en faifant remarquer leurs imprudences & même les caufes de ces imprudences, afin qu'ils puif-fent en éviter de pareilles.

A N N E´ E 1658.

La France faifoit alors la guerre avec fupériorité contre le Roi d'Efpagne ; mais cette fupériorité n'étoit pas affez grande pour allarmer beaucoup les voifins. Le Prince de Condé, ce fameux Capitaine, premier Prince du Sang, avoit quitté très imprudemment & très injuftement la France fa patrie, pour fe mettre à la tète des troupes ennemies. Pour juftifier fa revolte il fe plaignoit de ce que la Reine & le Cardinal Mazarin Miniftre général, dans la diftribution des emplois & des graces, n'avoient pas affez d'égards pour ceux qu'il leur recommandoit : or les Officiers de fa maifon, voulant profiter de fon crédit, ne fe raffafioient point des graces qu'ils avoient déjà obtenues pour eux ; ils le pouffoient à demanmander, & puis à se plaindre, quand on lui refusoit quelque chose pour eux : ainsi la source de ses malheurs, c'est qu'il ne s'aperçut pas que c'étoient ses propres domestiques & ses amis, qui l'indisposoient contre le Gouvernement, & qui le faisoient agir pour eux mêmes. Il est vrai que le Ministre général étoit timide, & capable d'être ébranlé par les menaces de ce Prince ; ainsi les Officiers & les Courtisans du Prince de Condé trouvoient qu'il étoit de leur intérèt de l'irriter contre le Ministère, & de publier ses mécontentemens ; c'est ainsi qu'ils vinrent à bout d'allarmer la Cour, & de faire prendre au Ministre général des mesures fâcheuses pour la liberté du Prince, qui devint enfin très suspect du crime qui a pour but de renverser le Gouvernement présent aux dépends de la tranquillité publique.

Je ne vois pas qu'il eût personnellement à se plaindre de la Cour, à moins qu'il ne prétendit qu'il devoit gouverner, & faire la fonction de Régent, au préjudice de la Régente mére du Roi ; prétention injuste & ridicule ; il ne devoit donc pas risquer d'allumer dans son propre pays une guerre civile pour venger

ger fes domeſtiques. Car enfin ſe mettre à la tête des ſéditieux étoit une grande injuſtice ; mais il étoit colére, & la colére ne lui permit pas de voir la grandeur de l'injuſtice où il tomboit, en tombant dans la déſobéiſſance à la Régente ; car s'il eût été Régent, n'eût - il pas trouvé toute revolte très injuſte ? Tel fut chez lui l'effet du bandeau que la colére mit ſur ſes yeux ; ſes domeſtiques n'eurent pas de peine à lui inſpirer de la colére contre la Reine & contre le Cardinal, parce qu'il étoit naturellement colére & emporté, faute de bonne éducation ; ainſi il ſe trouva malheureuſement engagé à agir lui - même contre la juſtice & & contre la tranquillité de ſa patrie, lui qui devoit par ſon rang & par ſa naiſſance en être le plus ferme apui. Avec de grands talens pour la guerre il n'eut preſque aucun ſuccès durant ſa révolte, & en dernier lieu il fut battu cette année par le Maréchal de Turenne. Les Anglois avoient juſques - là gardé la neutralité entre la France & l'Eſpagne ; mais le Cardinal Mazarin négocia ſi bien, qu'il les' fit déclarer par la France, en leur offrant de leur aider à conquerir Dunckerque ſur les Eſpagnols ; ils eſpéroient avec ce port ſe rendre

maî-

maîtres de la Manche, & tenir par ce moyen
en refpect les Hollandois, dont le Commerce
avoit pris depuis plufieurs années la fupériorité
fur celui des Anglois ; ainfi les Anglois fourni-
rent de leur côté une flote de vingt vaiffeaux
de guerre, fuffifante pour bloquer Dunckerque, & débarquérent fix mille hommes à Calais. Nous avions pris l'année précédente le
fort de Mardick, qui étoit néceffaire pour faire les approches de Dunckerque ; & comme
M. le Prince devina que nous en voulions à
cette place, il n'oublia rien pour la bien mu-
nir ; les Efpagnols y mirent une forte garnifon, & pour Commandant le Marquis de Léde, un de leurs meilleurs Généraux ; ce qui
rendoit cette entreprife plus difficile, c'eft que
l'on ne doutoit point que les Efpagnols ne fiffent leurs plus grands efforts pour la fecourir,
& pour en faire lever le fiége, & que le Prince de Condé, alors leur premier Général, ne
hazardat tout pour y réuffir. Ces difficultés
étoient grandes : il falloit pour les furmonter
non feulement un grand nombre de troupes,
mais il falloit fur-tout un Général digne d'être
oppofé à M. le Prince, c'eft à dire, un homme qui n'eût pas moins de valeur & de répu-
ta-

tation que lui, & qui eût encore plus d'habileté & de précaution pour des desseins difficiles & de longue haleine ; il n'y avoit personne parmi nos Généraux, qui pour ces qualités approchat du Maréchal de Turenne ; & ce fut un vrai spectacle pour l'Europe, & surtout pour les gens de guerre, de voir les deux plus grands Généraux de la terre se disposer, l'un à prendre Dunckerque, l'autre à en faire lever le siége. Le Roi, qui avoit vingt ans, eût bien voulu commander au siége, mais la Reine sa mére & le Ministre Général, qui avoient toujours beaucoup de crédit sur son esprit, l'en empêchérent ; la Cour demeura à Calais, qui n'en est éloigné que de huit lieuës : le Roi se contenta d'aller de tems en tems au siége, voir les dispositions du camp & des attaques. La place bloquée par mer & vivement attaquée par terre se défendoit avec beaucoup de vigueur, & comme la garnison étoit nombreuse, le Marquis de Léde faisoit souvent des sorties, & retardoit le progrès de nos travaux, pour donner aux Espagnols le loisir de prendre leurs mesures justes pour la secourir.

Enfin le jour arriva, que M. le Prince s'aps'approcha avec Don Juan d'Autriche , pour fecourir la place. Le Maréchal de Turenne favoit que , quelque bonnes que foient les lignes de circonvallation , il eſt ordinairement plus avantageux aux aſſiégeans de fortir de leurs lignes, que d'y attendre l'ennemi ; il en fortit donc , en y laiſſant feulement des troupes fuffifantes pour garder fes travaux contre la garnifon , & marcha au devant de M. le Prince.

Les deux armées , à peu près égales en nombre, s'étant difpofées au combat, Don Juan d'Autriche , qui avoit la droite du côté de la mer , fe trouva oppofé à Mylord Lockart & aux fix-mille Anglois qu'il commandoit ; ceux-ci attaquérent vivement l'Infanterie Efpagnole , dans les retranchemens qu'elle avoit faits ; elle s'y foutenoit avec avantage , & les Anglois commençoient à fe rebuter ; mais la Cavalerie Françoife de l'aile gauche , ayant du côté de la mer renverfé la Cavalerie de l'aile droite des Efpagnols, commença à prendre leur Infanterie en flanc , & donna par ce moyen aux Anglois la facilité de franchir le retranchement des Efpagnols ; & la victoire commença alors à fe déclarer pour la France.

Ann. Polit. I. part. F M. le

M. le Prince avoit quelque avantage de fon
côté à fon aile gauche contre M. de Turenne;
mais informé de ce qui fe paffoit à la droite du
côté de Don Juan, il y courut, & trouvant
les troupes ébranlées & en confufion, il ne
put jamais les remettre en ordre; tout ce qu'il
put faire, ce fut d'empêcher par fa fermeté &
par fa valeur, en fe mettant à la tête de différentes troupes de Cavalerie, d'arrêter les
François, pour donner le loifir aux Efpagnols
de faire leur retraite avec moins de perte;
mais dès qu'il eut abandonné fon aile gauche,
la droite du Vicomte de Turenne commença
à prendre la fupériorité, & la victoire fe dé-
clara pour les François. On ne fauroit imaginer le défefpoir où fut M. le Prince de fe
voir battu à plate couture par le Vicomte de
Turenne, & la joie de Mr. de Turenne d'a-
voir eu une fi belle occafion de mefurer avec
fuccès fa capacité avec celle d'un auffi grand
Capitaine; il ne tint pourtant que des difcours modeftes pour ce qu'il avoit fait, &
louoit volontiers ce que les autres avoient fait
de bien, & furtout la valeur étonnante des
Anglois, la bonne conduite de leur Général, & la grande capacité & la grande valeur

leur du Prince de Condé.

Quelques jours après M. le Marquis de Léde fut tué dans une fortie, & fut blâmé d'a-
voir voulu la commander ; car la bravoure,
qui eft fi louable en certaines rencontres, devient blâmable, lorfqu'elle eft imprudente ; or
il eft très imprudent au Gouverneur d'une
place importante, de vouloir faire la fonction
d'un Officier fubalterne ; chacun doit avoir
fon pofte, & tout va bien, quand chacun
remplit bien fes fonctions : la ville capitula
bientôt après la mort de fon Gouverneur.

Le Roi vint voir fa nouvelle conquête avant
que de la remettre aux Anglois, qui de leur
côté lui rendirent le fort de Mardick ; la fatigue & furtout l'ardeur du foleil qu'il eut tout
le jour fur la tête, lui cauférent une maladie
très dangereufe à Calais ; fes Médecins en déf-
efpéroient ; toute la ville, toute la Cour,
toute l'armée étoient déja en pleurs, de la
perte prochaine d'un Prince, qui étoit fi ai-
mable, tant par fa figure, que par fes maniéres douces & gracieufes, & dont les peuples
prenoient volontiers de grandes efpérances d'un
régne défirable pour eux.

On étoit dans cette fituation, lorfqu'arriva

en

en diligence un vieux Médecin d'Abbeville,
qui lui donna à propos l'émétique, vomitif
alors peu connu, & peu en ufage; il le fauva,
& fit fuccéder la joie au défefpoir.

Dans le refte de la campagne, nos troupes
prirent Bergues, Furnes, Dixmude, Oudenarde, Menin, Ypres, & Gravelines : il eft étonnant qu'après une fi grande victoire nous ne
puffions pas occuper un plus grand territoire; cela venoit de ce que ces places étoient
affez proches l'une de l'autre, & faifoient comme une double frontiére; or il falloit les prendre avant que de pénétrer plus loin`, parce
qu'en les laiffant derriére, les partis des garnifons auroient coupé nos convois de vivres,
fans lefquels cependant nôtre armée ne pouvoit avancer. Cela fit comprendre au Roi, que
fans un grand nombre de places fortifiées,
l'armée par une feule victoire auroit conquis
toute la Flandre en un mois ; & il commença dès - lors à voir qu'un des principaux moyens
de faire durer un Etat dans des tems malheureux & agités, c'eft d'employer tous les ans,
dans des tems heureux & tranquilles, des fonds
confidérables en fortifications; & il a dans la
fuite fuivi cette fage maxime, en bâtiffant des

places

places nouvelles , & en fortifiant beaucoup
mieux les anciennes.

Les Espagnols étoient aussi sur la défensive
en Catalogne & dans le Milanois ; la branche
Autrichienne Impériale avoit les mains liées
par le traité de Munster, & n'osoit secourir
la branche d'Espagne, de peur de s'attirer les
Suédois & les Princes Protestants de l'Empire,
qui étoient garants de ce traité ; cette fâcheuse supériorité , & la naissance d'un Infant à
Philippe Quatre, disposa ce Prince à faire la
paix, en donnant l'Infante ainée au Roi en
mariage. La Reine Régente mére du Roi dé-
siroit avec passion ce mariage, & pour y parvenir elle eût volontiers sacrifié beaucoup de
places ; les Espagnols qui avoient habilement
découvert à quel point la Reine le souhaitoit,
se soucioient peu de leurs pertes , sûrs de les retirer par une paix que nous achéterions bien
cher. Le Cardinal vouloit fort aussi ce mariage., mais il ne vouloit pas qu'il en coûtat tant
de places au Roi ; ainsi de concert avec la Reine , mais sans la participation du Roi, on fit
courir le bruit que la Reine ne pouvant parvenir à faire le mariage avec sa niéce à des
conditions raisonnables , & voulant cependant

F 3   ma-

marier le Roi, qui avoit vingt ans, fongeoit
à lui faire époufer la Princeffe ainée de Savoie;
ce bruit joint à la nouvelle que la Cour de
France de fon côté & la Cour de Savoie du
fien devoient faire un voyage à Lyon, parvint
bientôt à Madrid, comme le défiroit le Cardinal : alors le Confeil d'Efpagne, craignant
que le voyage de Lyon ne fût tout de bon
pour marier le Roi, & que fi ce mariage
fe faifoit, la France ne reftitueroit jamais aucune partie des conquêtes qu'elle avoit faites fur
l'Efpagne, mais qu'elle en feroit même bientôt
encore de nouvelles, envoya en pofte à Lyon
incognito Pimentel Secretaire d'Etat, avec un
plein pouvoir pour traiter du mariage de l'Infante & des articles de la paix.

Les principaux articles furent conclus & fignés, & le refte des articles moins importans
fut renvoyé au traité des Pyrenées, qui fe fit
l'année fuivante ; ce fut une grande faute au
Cardinal de renvoyer le refte des articles à régler dans un tems où il ne pourroit plus recu-
ler ni rien refufer ; au lieu qu'il pouvoit les
régler tous à Lyon felon fes défirs, avec la
grande autorité que lui donnoit la grande crainte où étoit la Cour d'Efpagne de ne voir plus

de

de fin à une guerre auffi ruineufe pour les Efpagnols. La Duchesse de Savoye s'en retourna très piquée de n'avoir fervi dans fon voyage qu'à presser le mariage de l'Infante ; mais il eft vrai que fi Pimentel n'étoit pas venu & n'eût pas conclu à des conditions fuportables, le Roi, qui avoit trouvé la Princesse de Savoie fort à fon gré, l'auroit époufée du confentement de la Reine, & auroit continué la guerre avec fupériorité.

L'Empereur Ferdinand III. étoit mort le deux Avril 1657 ; il laissoit pour successeur Leopold fon fils ; mais comme les loix de l'Empire ne permettent pas qu'on élife un Empereur qu'il n'ait au moins dix - fept ans accomplis, & que Leopold ne devoit avoir cet âge que quatorze mois après, on differa à l'année 1658. fon élection. Pendant cet intervalle, les Electeurs, Princes & Etats de l'Empire, qui s'étoient bien trouvés du traité de Munfter, réfolurent avant l'Election de prendre les mefures les plus folides pour obliger l'Empereur futur à l'exécuter toujours avec exactitude. La plupart des Electeurs & Princes de l'Empire firent même pour ce fujet ; de concert avec la France, une ligue que l'on appelloit *Ligue du*

Rhin,

Rhin, & dreſſérent des articles pour augmenter la ſureté des Princes & la liberté des ſuffrages dans les Diétes, afin d'obliger Leopold d'en promettre l'exécution, avant que d'être élû Empereur; & c'eſt ce qu'on appella depuis *Capitulation Impériale Leopoldine*, que l'on regaidoit en ce tems-là comme une barriére ſuffiſante aux uſurpations que voudroit faire l'Empereur ſur la liberté & ſur l'autorité des membres de l'Empire; mais la juſtice la plus évidente ne ſauroit être une barriére ſuffiſante contre les injures, ſi elle n'eſt accompagnée de la ſupériorité de force. Leopold ſigna ces articles avec d'autant moins de peine que ſes Miniſtres lui firent entendre qu'il falloit alors céder à la force ſupérieure, mais qu'il y auroit aſſez de moyens de diviſer un jour les Membres de l'Empire, d'en attacher une partie à la Maiſon d'Autriche, & d'en ſéparer une autre partie de leur alliance avec la France; & qu'ainſi ces promeſſes exigées par force ne lieroient effectivement l'Empereur, qu'autant de tems qu'il jugeroit à propos de les exécuter, lorſque, dans les diviſions & les jalouſies réciproques des Electeurs & des Princes, il ſeroit devenu le plus fort; ils ajoutoient

que

que les feules jaloufies de Maifon à Maifon entretiendroient facilement les divifions, que ces divifions fuffiroient pour empêcher de faire entre eux des ligues défenfives ; que le défaut de ligues défenfives fuffiroit à l'Empereur pour établir fes droits, c'eft-à-dire, pour rétablir peu à peu quelques droits defpotiques, dont jouïffoit Charlemagne & auxquels il avoit fuccédé.

Ces Miniftres favoient que les traités entre le foible & le fort ne s'exécutoient pas longtems par le fort, s'il ne trouve longtems fon intérêt à les exécuter ; une puiffance fupérieure pourroit en être garante & être fuffifamment intéreffée à cette garantie ; mais il n'eft pas poffible de trouver une pareille puiffance de beaucoup fupérieure pour en être garante, & être fuffifamment intéreffée à cette garantie ; mais il n'eft pas poffible de trouver une pareille puiffance de beaucoup fupérieure, perpétuelle, immuable, & fuffifamment intéreffée à l'exécution de fa garantie, à moins qu'on ne la compofe de toutes les puiffances de l'Europe tant foibles que fortes.

Cette année le célébre Cromwel, qui fous le nom de Protecteur régnoit en Angleterre,

mou-

mourut d'une retention d'urine, caufée par la gravelle, qui avoit été elle-même cau-fée par des veilles, & ces veilles caufées par des inquiétudes vives & continuelles que lui donnoient fes ennemis. L'ambition injufte pro-duit bientôt des ennemis ; ces ennemis in-quiétent, & caufent des infomnies, qui ren-dent la vie defagréable, fâcheufe & beaucoup plus courte. De-là il fuit que la grande puif-fance, lorfqu'elle fait tant d'ennemis, n'eft nul-lement fouhaitable pour l'augmentation du bon-heur de la vie ; ce qui eft contre l'opinion du peuple, qui ne fait pas diftinguer les puif-fances tyranniques qui fe font haïr & crain-dre, des puiffances qui fe font refpecter & aimer. Cromwel pour gagner l'affection des Presbytériens, qui formoient le parti contre le Roi, affecta de paroître zélé Presbytérien, & même dévot dans cette Religion ; il étoit élo-quent, coière, ennemi des flateurs de la Cour, au refte bon Officier, actif, vigilant. Ces qua-lités le firent bientôt diftinguer entre fes pa-reils, & le firent préferer par le Parlement pour Général à d'autres Officiers fages & mo-dérés ; c'eft que le Parlement, qui étoit irrité contre le Roi & qui l'avoit irrité, craignoit avec

fon-

fondement les fuites de fa colére fi on lui laiffoit quelque puiffance.

Les Parlementaires le préférérent d'abord très prudemment pour un tems à d'autres qui avoient beaucoup de modération ; mais ils firent une grande faute , lorfqu'il eut vaincu les troupes du Roi, de ne lui pas fubftituer un Général d'une ambition très jufte , & par conféquent moins à craindre. La paffion les aveugla ; & comme ils étoient prefque tous agités , ou d'une extrème crainte d'être punis comme rebelles , ou d'une extrème haine pour leur Roi , ils ne trouvérent leur fureté que dans la continuation de la puiffance de celui qui avoit les mêmes paffions de haine & de crainte , & qui avoit fait ceffer leur principale crainte, comme s'ils ne devoient jamais avoir rien à craindre d'un ambitieux très puiffant, très colère, & très injufte.

Quand Cromwel eut attiré à lui toute l'autorité Royale , ils virent clairement, mais trop tard, qu'en fecouant le joug du Roi Charles Premier , ils s'étoient chargés d'un autre joug, qui n'étoit réellement ni moins dur ni moins pefant ; mais enfin heureufement un accès de gravelle les délivra au bout de dix ans, d'un hom-

homme qu'ils haïſſoient alors, parce qu'il viſoit à leur ôter ou la liberté des ſuffrages dans les Parlemens, ou l'aſſemblée même de ces Parlemens annuels. Il ſe trouva effectivement que ces Parlementaires ne s'étoient donné tant de peines & de ſoins, que pour déplacer un Roi qu'ils croyoient injuſte, parce qu'il avoit voulu s'attribuer le droit de lever des taxes ſans le conſentement du Parlement, mais qu'ils n'avoient placé ſur le Trône qu'un autre Roi encore plus injuſte.

Cromwel ne fut donc qu'un ſcélerat célébre ; car comment nommer celui qui avoit renverſé les loix fondamentales de ſa patrie, en ôtant en Angleterre la liberté & l'autorité des Parlemens ; telle eſt la véritable idée qu'il a laiſſée de lui dans l'eſprit de toutes les Nations, & ſurtout dans l'eſprit des Anglois mêmes ſes compatriotes. Or, je laiſſe à penſer, ſi une pareille réputation eſt déſirable, & ſi elle valoit toutes les peines qu'il ſe donna pour porter ſa fortune au degré le plus élevé ; cela prouve qu'il ne ſe connoiſſoit point en réputation précieuſe, puiſque le ſeul parti honorable qu'il avoit à prendre étoit d'aider le Parlement à donner peu à peu au Gouvernement cette for-

me

me de République qui paroiſſoit être l'objet des vœux du gros de la Nation, & de tous ceux qui avoient commencé la révolution. Peut-on jamais l'excuſer d'avoir aſſujetti ſes maîtres? & n'eſt-ce pas un excès de folie & de méchanceté, de s'être fait haïr également de ſon parti & du parti oppoſé, en ſacrifiant amis & ennemis, & ſa patrie elle-même, à l'acquiſition d'une puiſſance ſans bornes, qu'il auroit dû conſerver au Parlement ſeul de qui ſeul il la tenoit comme en dépôt? Ne devoit-ce pas être là l'unique but que pouvoit ſe propoſer celui qui cherche ſa vraie gloire dans la plus grande utilité de ſa patrie? C'étoit un homme hardi & de beaucoup d'eſprit naturel, de cet eſprit d'imagination vive, qui inventoit promptement les moyens les plus propres pour arriver à ſes fins; mais élevé dans les maximes du bas peuple, avoit-il d'autres fins que les ſentimens bas du peuple même? & a-t-il jamais trouvé rien de plus eſtimable qu'une grande puiſſance acquiſe par de grands talens, ſans ſe ſoucier de chercher quel ſeroit l'uſage le plus eſtimable de cette grande puiſſance? Il n'avoit pas eu une aſſez bonne éducation, ni l'eſprit aſſez élevé, pour voir que ni la grande puiſſance ni les grands talens,

talens , loin d'être estimables & dignes de l'amour & des louanges de ses concitoyens, n'en méritent que le blâme & la haine , lors qu'ils sont employés à augmenter les malheurs de la patrie. Il étoit à la vérité un des meilleurs connoisseurs sur le choix des moyens ; mais peut-on dire qu'il ait été bon connoisseur sur le choix des fins les plus estimables qu'il devoit se proposer ? Les ambitieux du commun veulent à la vérité obtenir la gloire la plus prétieuse ; mais comment l'obtiendroient-ils, eux qui la cherchent en vain sans la connoitre ? Il est vrai que les gens d'un esprit courageux & à grands talens , soit pour les affaires soit pour la guerre, font rares ; mais les sages estimateurs du prix des projets humains, & les connoisseurs de la vraie gloire & du vrai mérite, ne sont - ils pas encore beaucoup plus rares ?

Christine Reine de Suéde, fille unique du grand Gustave, étoit alors en France ; elle y étoit venue dès 1656. Le grand Des - Cartes étoit mort dans son Palais à Stockholm six ans auparavant en 1650. Elle avoit du gout pour les sciences, & avoit fait venir à sa Cour quantité de savans de différents pays d'Europe ; le savant Grotius son Ambassadeur en France ce avoit aidé à lui en faire venir de France ; Bochart ſavant Miniſtre Calviniſte de Caen y mena le jeune M. Huet, depuis Evêque d'A-vranches en 1652. Elle ſe diſpoſoit à profiter de la converſation de ces Savans ; mais Bour-delot jeune Médecin François , homme d'eſ-prit, grand Pyrrhonien, qui ſe trouva à cet-te Cour vers 1650. profita bientôt des diſpo-ſitions naturelles que la Reine avoit pour les amuſemens , & du grand éloignement qu'elle avoit pour les affaires du Gouvernement ; ain-ſi il la jetta dans le gout des Comédies, & la dégouta même de toute application pour les Sciences. Les Sénateurs , qui virent bien que la Reine les mépriſoit , & qu'elle négligeoit trop les affaires, jettérent les yeux ſur un Prin-ce de la Maiſon Palatine ſon couſin, qui avoit été élevé en Suéde avec elle, homme de bon eſprit & qui y avoit beaucoup d'amis ; ils fi-rent inſinuer à la Reine, que ſi elle vouloit al-ler vivre en pays étrangers, ſon couſin deve-nu Roi lui feroit tenir réguliérement environ deux mille marcs d'argent par mois ; elle ne fut pas longtems à accepter ce parti par les conſeils de Bourdelot & de quelques Italiens qu'elle avoit à ſon ſervice , & elle vint en France ;

mais

mais comme le Cardinal Mazarin craignoit qu'elle ne prit quelque crédit sur l'esprit du Roi & de la Reine, il la fit prier de la part du Roi de choisir une autre retraite ; & elle choisit Rome pour son séjour, où elle a vécu & où elle est morte dans la profession de la Religion Romaine. Ceux qui gouvernent sont entiérement occupés des événemens de la guerre & des affaires du déhors ; ainsi il n'est pas étonnant qu'ils négligent entiérement durant ce tems là les affaires du dedans, & que la Cour de ce côté là demeure dans une entiére inaction ; aussi ne vit-on cette année en France aucun réglement, aucun établissement important pour l'augmentation du bonheur public.

A N N E' E 1659.

Pimentel revint de Madrid à Paris au commencement de l'année 1659. & apporta la ratification des articles qui avoient été signés à Lyon & à Paris ; mais comme il en restoit encore plusieurs importans à régler, il fut convenu que le Cardinal Ministre général de France, & le Comte Duc d'Olivarez Ministre général d'Espagne, se rendroient au plutôt sur la

fron-

frontiére, du côté de Bayonne, pour mettre enſemble la derniére main au Traité. Pimentel avoit des inſtructions plus amples que celles qu'il montra à Lyon, & ſi le Cardinal Mazarin eût fortement inſiſté pour garder pluſieurs places, il n'auroit quaſi rien laiſſé à régler dans le traité des Pyrenées, où le Comte Duc d'Olivarez Miniſtre général d'Eſpagne, perſuadé que la Reine de France ſouhaitoit paſſionnément le mariage de l'Infante Marie Théréſe, prit tellement le deſſus dans la négociation des Pyrenées, & ſe ſoutint ſi ferme à ne point conclurre le mariage que la France ne lui eût tout accordé, que le Cardinal ſe repentit bien de n'avoir pas tout arrêté à Lyon avec Pimentel, ſur-tout dans le moment où l'Eſpagne craiguoit extrémement l'alliance du Roi de France avec la Savoie. Il ſe repentit bien auſſi d'avoir ſigné la ſuſpenſion d'armes pour la Flandre & pour le Milanois, parce que nous y avions beaucoup de ſupériorité, & que les avantages, que nous y aurions remportés de mois en mois, auroient rendu la Cour d'Eſpagne encore plus diſpoſée à ſe rendre plus facile, & à conclurre promtement.

L'Empereur âgé de dix-huit ans, ſouhaito·

extrémement d'époufer l'Infante aînée Marie Théréfe, pour mettre dans fa branche les grands droits que donne une pareille aîneffe : auffi fon Confeil n'omettoit-il rien pour traverfer le mariage de cette Infante avec Louis Quatorze, & pour en faire rompre le traité. Il promettoit de marcher avec foixante-mille hommes contre la France, & difoit, que, par cette grande diverfion, il donneroit aux Efpagnols les moyens de recouvrer facilement toutes les conquêtes que nous avions faites fur eux, & d'en faire même fur nous.

Mais le Confeil d'Efpagne, qui voyoit d'un côté, que par la nouvelle ligue du Rhin, l'Empereur ne pourroit faire feulement les premiers pas pour exécuter fa promeffe, fans faire foulever contre lui la Suéde & la plûpart des Princes de l'Empire; & de l'autre, que la Monarchie d'Efpagne ne pourroit jamais reconquerir le Portugal, qui lui tenoit bien plus au cœur que quelques places de Flandres, fi le Roi d'Efpagne ne ramaffoit toutes fes forces, & ne les faifoit marcher de ce côté là; tint ferme jufqu'à l'entiére conclufion du traité des Pyrenées.

Le Cardinal ne laiffoit pas de craindre l'ef-

fet des inftances & des promeffes de l'Empereur : il comprenoit bien auffi, que, fi à l'é-
gard des articles qui reftoient à régler, l'Efpagne ne vouloit fe relâcher en rien, il feroit
forcé de rompre la négociation ; de forte qu'à
tout événement il prépara tout pour faire encore des conquêtes, & pour agir de tous côtés avec fupériorité, fuivant la maxime : *Plus
vous défirez la paix, plus vous devez faire de
préparatifs pour la guerre. Si vis pacem . para
bellum.* Cela lui réuffit : car les Efpagnols, fans
la crainte de la guerre, n'euffent jamais voulu fe relâcher en rien, dans l'opinion qu'ils
avoient prife, que la Reine Régente de France vouloit à quelque prix que ce fût avoir
l'Infante Marie - Théréfe fa niéce pour belle-
fille.

Les hoftilités furent fufpenduës ; les Miniftres
s'acheminérent chacun de leur côté ; les conférences s'ouvrirent au commencement d'Août
dans une petite ifle que forme la petite riviére
de Bidaffoa qui borne les deux Royaumes. Le
Cardinal revenoit coucher à St. Jean-de-Luz
après la conférence, & le Comte Duc à An-
daye. Le Marquis de Lyonne Secrétaire d'E-
tat pour la France, & Don Coloma Secrétai-

 re

re d'Etat pour l'Efpagne, avoient foin de préparer enfemble les matiéres de chaque conférence, afin d'avancer la négociation. Il falut
cependant vingt quatre conférences, & tout ne
fut figné que le 7e. de Novembre 1659.

Comme le Roi d'Efpagne vouloit mener l'Infante fa fille fur la frontiére, & que la faifon
étoit trop avancée par rapport à la mauvaife
fanté de ce Prince : le mariage fut différé au
printems fuivant. Le Roi de fon côté, n'avoit
pas grande impatience de le confommer, parce qu'il fe trouvoit enyvré d'amour pour Marie Mancini, l'aînée des niéces du Cardinal,
fille d'un Gentilhomme Italien. Elle étoit jeune, vive, gaye, affez jolie ; elle amufoit le Roi,
elle étoit brufque & fantafque, & quelquefois
un peu dédaigneufe, & par là, elle le piquoit ;
de forte qu'il eût fans peine fait la folie de
l'époufer, & de la préférer à l'Infante fa cou-
fine, fi la Reine & le Cardinal euffent pû y
confentir.

Mais la Reine avoit en vüe ce mariage depuis la naiffance de fon fils & de fa niéce ; c'eft-
à-dire, depuis vingt ans. C'étoit fon principal
objet, & fa principale paffion. Or le Cardinal
en homme fage, fe garda bien de donner ce
cha-

chagrin à la Reine. Il regarda cet amour pour
ſa niéce, comme une yvreſſe paſſagére qui finiroit bientôt, tant par la jouïſſance, que
par l'humeur folle de ſa niéce. Il comprit, que
ce ſeroit un mariage preſque auſſi-tôt caſſé que
conſommé, qu'il entraineroit la ruine de ſa famille, & qu'il ne lui reſteroit, d'un pareil conſentement, que l'indignation des deux Nations,
la haine perpétuelle de la Maiſon Royale, &
la honte éternelle d'avoir laiſſé faire à ſon jeune Maître une ſi grande folie.

Le Cardinal étoit avare & ambitieux ; mais
il étoit très prudent, & prévoyoit mieux que
pèrſonne les événemens. Ainſi, l'oppoſition pleine de fermeté qu'il apporta au mariage de ſa
niéce, fut moins un ſacrifice qu'il faiſoit de ſon
intérèt à ſon devoir, que l'effet de ſon grand
ſens & d'une prudence conſommée, qui lui
avoit fait apercevoir qu'il ne pouvoit pas ſe
fier au caractère de ſa niéce.

Il parut aux Conférences de la paix un Envoyé de la République d'Angleterre ; c'étoit
le Colonel Lockart Gouverneur de Dunkerque. Après la mort de Cromwel, Richard ſon
fils ainé ſe fit déclarer Protecteur ; mais il étoit
homme de plaiſir, & faute de lumiéres, de travail,

vail, & fur-tout de courage & de fermeté, il fut bien-tôt obligé d'abdiquer.

Il fembloit alors que le Gouvernement de la Nation Angloife alloit fe tourner en République, par la grande averfion qu'elle avoit pour la Monarchie ; mais il y avoit un obftacle puiffant, & les Républicains ne furent pas affez habiles pour profiter de certains momens précieux, où ils euffent pû le furmonter. Cet obftacle étoit l'armée, qui avoit fes quartiers affez près de Londres. Les Officiers durant la tyrannie de Cromwel, avoient effayé leurs forces ; ils favoient qu'avec la violence ils avoient anéanti l'autorité du Parlement & diffipé les Républicains en faveur de Cromwel leur Général.

Il n'y avoit point alors de Généraliffime. Il y avoit bien trois Généraux à peu près également accrédités, chacun avoit une armée féparée, Lambert, Monck, & Fleetwood : mais ils fe reüniffoient tous à ne vouloir point dépendre des Membres du Parlement, qu'ils regardoient beaucoup au-deffous d'eux. D'un autre côté, ils ne vouloient point dépendre l'un de l'autre, & ils euffent mieux aimé rapeller le Roi Charles fecond pour lui obéir, que d'avoir

voir

voir à obéir à aucun de leurs pareils, ou aux Parlementaires qu'ils traitoient de bourgeois.

Les zélés Républicains avoient pour eux l'habileté dans le Gouvernement, & la confiance du peuple, qui payoit sans peine les impôts dont on rendoit compte au Parlement : Mais l'armée avoit la force. Or les gens de guerre, préfomptueux & accoutumés à se faire craindre, & eux-mêmes Membres du Parlement, ne pouvoient se réfoudre à obéir à ceux dont ils étoient craints, & qui étoient tous défarmés. Tel eft le panchant de l'homme à la préfomption. Les guerriers se croyent bien-tôt auffi habiles & plus habiles dans le Gouvernement, que ceux qui les gouvernent.

Dans cette fituation, le feul parti praticable par le Parlement, étoit de caffer tout d'un coup toutes les troupes & tous les Officiers, & donner à tous les foldats leur congé ; & quinze jours après, donner des commiffions à la moitié des Capitaines & des Colonels des plus Républicains pour s'affembler fur les frontiéres ; laiffer les Officiers les plus Républicains en petit nombre aux environs de Londres ; mais les Membres du Parlement étoient eux-mêmes très divifés dans leurs opinions, & par leurs

haines

haines particuliéres ; cette divifion en avoit
extrémement affoibli l'autorité : Ainfi, il n'étoit
pas capable, ni d'un parti courageux, ni en
pouvoir de le foûtenir.

Il falloit que les Républicains euffent con-
certé entre eux un plan de Gouvernement ;
il falloit de l'union dans les Parlementaires
pour le faire goûter par les uns, & de la
vigueur dans les autres pour le faire recevoir, & faire agir la crainte. là où ils ne
pouvoient pas en venir à bout par la perfua-
fion : Mais il me paroît qu'ils manquoient de
plan, qu'ils manquoient d'union, & fur-tout
de courage. Ainfi le parti du Roi profita de
la divifion qui étoit entre l'armée & le Parlement, & furtout de la divifion entre les Chefs
de l'armée.

Monck, le plus habile & le plus diffimulé
d'entre les Chefs de l'armée, vit de bonne heure que le défordre finiroit par les fouhaits que
feroient les Officiers & les troupes, & enfuite les Bourgeois mêmes non Parlementaires,
pour faire revenir un Roi qui feroit devenu
fage & moderé par fes propres malheurs. Ainfi Monck eut la prudence de faire fon traité
particulier avec le Roi & de le faire rentrer

à

à Londres sans bataille , & même comme l'objet des désirs de la Nation , moyennant des lettres au Parlement & à Monck , qui avoient été écrites sur les modèles même qu'il avoit envoyés secrétement au Roi.

Il est certain que sans Roi légitime, la Nation alloit tomber dans une Anarchie , & que cette Anarchie auroit vraisemblablement fini par une nouvelle tyrannie , qui ne se feroit jamais établie sans guerres civiles , & sans beaucoup de sang répandu. C'est cette vüe effrayante qui porta les Républicains moderés à souhaiter comme un moindre mal le rétablissement du Roi ; & c'est ce qui arriva l'année suivante 1660.

Heureusement pour le parti de la Monarchie, les Républicains firent une grande faute dès les commencemens de leur revolte , en posant les fondemens de leur prétendue République sur la seule Chambre-Basse.

Ils ne pouvoient pas empêcher qu'il n'y eût de grands Seigneurs en Angleterre ; & tant qu'ils ne leur donneroient pas l'équivalent de leur droit de Pairie pour former la Chambre-Haute, ils pouvoient compter que ces Seigneurs soupireroient toujours après un Gouvernement

où

où ils avoient des diftinctions flateufes fur les autres Anglois.

Les Evèques, qui ne laiffent pas d'avoir du crédit fur les peuples de la Religion Epifcopale, ne pouvoient pas s'empêcher de regretter leur féance au Parlement. L'équité & le bon efprit vouloient, que ces Pairs fuffent Députés nés de leur Comté, & qu'ainfi, ils euffent féance felon le rang des Comtés, & que l'on choifit les meilleurs Citoyens, & les plus habiles d'entre les Pairs., pour préfider aux différens Comités. Enfin il falloit les dédommager de la perte de la Chambre - Haute, en les incorporant avec diftinction dans l'unique Chambre que les Républicains vouloient réferver.

Je fai bien qu'ils furent portés à cette faute par animofité contre la plûpart des Pairs qui les avoient fort traverfés : mais ne pouvant pas les détruire, il faloit les intéreffer au nouveau Gouvernement, en les dédommageant ; au lieu qu'en ne leur donnant aucun équivalent, c'étoit laiffer un grand parti dans l'Etat, & un parti perpétuel & tout formé pour le rétabliffement de la Monarchie.

La haine & la colére empêchent fouvent de

voir

voir les bons partis, & les partis abfolument néceffaires ; & les fautes que ces paffions font faire, font fouvent irréparables.

On peut dire même que Cromwel auroit tellement refpecté un Parlement plein de Seigneurs, qu'il n'eût jamais ofé en venir au mépris qu'il montra pour cette affemblée, & aux violences qu'il exerça contr'elle.

Monck avoit eu le loifir de voir d'affez près les divifions qui étoient entre les Membres du Parlement pour n'en pas redouter le pouvoir : mais il avoit vû auffi, que ce Parlement feroit cependant affez puiffant étant joint avec la ville de Londres & avec les autres Généraux, pour l'empècher d'ufurper l'autorité fouveraine, & fe mettre à la place de Cromwel.

Il voyoit bien, qu'il feroit toûjours regardé par le Parlement comme un fujet trop à craindre, & que fa grande autorité ne pouvoit durer avec des efprits fi éloignés de la Monarchie. Ainfi, en homme fenfé, il prit le parti de fe faire un mérite auprès du Roi Charles Second, qui étoit exilé de fon Royaume, & de le rétablir fur le Trône : mais pour en venir à bout, il faloit tenir fon deffein très caché, jufqu'à ce qu'il vit les affaires fuffifam-

ment

ment difposées. Ainfi il parut jufques-là toûjours uniquement occupé à foutenir le Gouvernement Republicain. Mais fous prétexte d'étendre la liberté de la Nation, il faifoit entrer dans le Parlement quantité de membres qu'il favoit être affectionnés au Gouvernement Monarchique, & il en ufa ainfi, jufqu'à ce qu'ils fuffent devenus les plus nombreux.

Comme l'époque du rétabliffement de la Maifon de Stuart fur le Trône d'Angleterre eft très confidérable pour l'Hiftoire, & qu'elle eft la fuite de ce que je viens de dire, je n'en interromprai point la narration, quoiqu'elle foit arrivée l'année fuivante 1660. Je reviendrai enfuite aux affaires de France.

Charles Premier, fils de Jaques Premier du nom de Stuart, avoit fuccédé au Roi fon pére en 1623. Le défir de gouverner defpotiquement une Nation mutine entra dans fon efprit, tant par le panchant naturel que nous avons à étendre nôtre pouvoir, & à diminuer la réfiftance à nos volontés, que par les confeils du Duc de Buckingham Miniftre & Favori, qui, avec un efprit audacieux, étoit encore plus irrité que fon Maître de toute efpéce de réfiftance.

Char-

Charles Premier voulut lever des subsides sans l'autorité du Parlement, qui s'y opposa. Le Roi cassa le Parlement : mais le Parlement, voyant qu'il s'agissoit de la liberté de la Nation, ne se tint point pour cassé, & continua ses séances malgré le Roi ; ainsi, il se forma deux partis, dont chacun arma pour sa sûreté.

Les troupes du Parlement, plus nombreuses & mieux payées, battirent les troupes du Roi ; il fut pris & eut la tête tranchée en 1648. & la famille Royale obligée à sortir d'Angleterre.

Cromwel, le Général vainqueur, déclaré Protecteur, & plus autorisé que n'avoit été le feu Roi, avoit gouverné dix ou onze ans ; & ceux qui avoient eu après lui le plus de part au Gouvernement, haïssant le despotisme, & craignant la vengeance du Roi Charles second, étoient entiérement opposés à son retour : mais le gros de la Nation commençoit à mépriser le Parlement ancien, & à craindre de nouvelles guerres civiles. C'est cette situation des esprits que Monck apperçut, & dont il sçut profiter, tant pour son intérêt particulier, que pour l'intérèt du Roi & de sa patrie.

Monck Général du Parlement, n'avoit jusques là entretenu aucun commerce avec aucu-

ne

ne perfonne du parti du Roi ; mais comme il fe fioit entiérement à Guillaume Maurice Gentilhomme riche du Comté de Dévon, il lui confia le deſſein qu'il avoit de rendre le calme & la fûreté à la Nation en rétabliſſant le Roi ; mais qu'il faloit trouver les moyens de s'aſſûrer, autant qu'il étoit poſſible, de la part du Roi , 1°. d'une entiére Amniſtie, 2°. de la tolérance des Religions, 3°. de la poſſeſſion des biens confiſqués en faveur des Acquereurs, 4°. d'un Gouvernement modéré.

Il falut pour cela que le Roi écrivit au Parlement, au Général Monck, aux Seigneurs, à la ville de Londres. Il falloit une déclaration, faite d'une maniére, que tout le monde fût fûr de fa fortune, de la liberté de confcience, & de la liberté des Parlements. Maurice, homme de bon efprit, entra facilement dans ces vûes.

Il s'agiſſoit de trouver un courier, que le Roi connût ètre dans fon parti, & qui fût difcret. Maurice jetta les yeux fur Grainville fon ami & ami de Mordant, depuis Comte de Peterborough, qui étoit en correfpondance avec le Roi. Grainville eut donc plufieurs conférences avec Maurice, il en eut deux fecrétes avec

Monck,

Monck, & partit avec Mordant vers le commencement d'Avril 1660. pour aller trouver le Roi à Bruxelles.

Il avoit ordre de dire au Roi, que pour la sûreté de sa personne & de sa négociation, il étoit absolument nécessaire qu'il sortît secrétement de Flandres, & qu'il se retirât à Breda en Hollande.

Le Roi, qui, depuis quelque tems, ne recevoit que de mauvaises nouvelles d'Angleterre, fut ravi du message de Grainville, & ne balança pas à prendre le parti de sortir de la Domination Espagnole. Il fit dresser toutes les lettres & la déclaration par son principal Ministre depuis Comte de Clarendon ; & sous prétexte de voir la Princesse d'Orange sa sœur à Breda, pour passer deux jours avec elle, il s'y en alla & y demeura.

Caracéne Gouverneur des Pays-Bas, ne savoit rien du voyage de Grainville & de Mordant ; ils étoient demeurés cachés dans Bruxelles, & ne voyoient le Roi que la nuit, dans l'appartement de Clarendon, qui faisoit auprès du Roi la fonction de son Chancelier ; cependant il soupçonna que le Roi vouloit quitter la Flandre ; ainsi il songea à l'en empêcher.

Il

Il commanda une garde de Cavalerie, qui fous prétexte d'accompagner le Roi par honneur, devoit l'empêcher de fortir de Bruxelles. La garde n'eut ordre que de fe trouver le lendemain à neuf heures chez le Roi : mais le Roi en eut avis, & partit dès trois heures du matin avec deux perfonnes. La garde le trouva parti fix heures auparavant, & toutes les dépêches du Roi furent mifes entre les mains de Grainville datées de Bréda avec des copies, afin que Monck fcût ce qu'elles contenoient.

Monck reçut peu de jours après par Grainville ces mêmes dépêches, & fut huit jours fans en parler à perfonne ; mais voyant la difpofition des efprits favorable dans le Parlement, il y entra le premier May comme Député d'un des Comtés d'Angleterre, & dit tout haut, qu'un certain Chevalier nommé Jean Grainville, ferviteur du Roi, lui avoit apporté une lettre de S. M. Il la montra en difant, qu'il n'avoit pas voulu l'ouvrir fans l'ordre de la Chambre, & que ce même Gentilhomme en avoit une autre pour la Chambre.

Auffi-tôt tous les membres par acclamation, dirent, qu'il faloit le faire entrer. Il fut auffi-tôt conduit à la barre de la Chambre. Il dit

qu'il

qu'il venoit de Breda, où étoit le Roi son Maître, qui l'avoit chargé de rendre cette lettre de sa part à la Chambre, & qu'il la lui remettroit dans le moment, si la Chambre l'ordonnoit. Ainsi le Sergent reçut l'ordre, la prit, & la mit entre les mains de l'Orateur, & Grainville se retira.

La Chambre fit lire la lettre adressée au Général, & celle qui étoit adressée à la Chambre ; & comme la déclaration du Roi étoit dans le même paquet, l'assemblée, après la lecture des deux lettres, auxquelles tout le monde avoit applaudi, demanda avec empressement la lecture de la déclaration. Ce fut un grand silence, & à chaque article un applaudissement général : Et effectivement, les articles de l'amnistie & du pardon, de la tolerance des Religions, & de la sûreté des acquereurs des biens confisqués, y étoient exprimés avec beaucoup de clarté ; & le Roi déclaroit, qu'il n'y prétendoit jamais faire aucunes exceptions, que celles que le Parlement lui-même lui conseilleroit de faire par considération pour l'équité & pour la justice, & seulement par rapport au bon ordre & à la tranquillité de l'Etat.

Quand je dis que l'applaudissement fut général,

néral , c'eſt que ceux qui intérieurement étoient d'avis contraire, & en petit nombre, voyant le torrent ſi grand & ſi rapide , n'oférent y réſiſter : ainſi on nomma ſur le champ un Comité pour dreſſer à la lettre du Roi une réponſe qui exprimât le vif reſſentiment de reconnoiſſance du Parlement , pour les offres gracieuſes & obligeantes de Sa Majeſté. La Chambre donna en même tems ordre, que l'on imprimât les deux lettres & la déclaration du Roi , avec la réſolution de l'Aſſemblée.

Dès que les Pairs eurent appris la réſolution des Communes , & avec quelle allégreſſe elle y avoit été priſe , ils s'aſſemblérent d'euxmêmes dans leur ancienne Chambre. Le Chevalier Jean Grainville leur porta une lettre que le Roi leur avoit écrite en cas qu'ils s'aſſemblaſſent. Ils prirent une ſemblable réſolution de répondre au Roi avec toutes les expreſſions de ſoumiſſion & de reconnoiſſance.

Le Lord Maire & les Officiers de la ville de Londres, furent de même ſenſiblement touchés des marques de bonté & de clémence que le Roi leur donnoit dans la lettre qu'il leur avoit écrite.

Les premiers Officiers de l'armée & de la flotte

te fe trouvérent également charmés de la confiance que le Roi, par fes lettres, paroiffoit avoir en eux, & publiérent à l'envi des déclarations pour affûrer le Roi de l'entiére foûmiffion & de la parfaite reconnoiffance de l'armée & de la flote.

De ce moment là, le peuple par les ruës fe mit à crier, Vive le Roi, vive le Roi, nous ne faurions le revoir trop tôt. Telle fut la promptitude de cette grande révolution, qu'elle paffa les efpérances des Royaliftes les plus affectionnés & les plus faciles à croire des événemens heureux. La Chambre chargea Grainville de fa réponfe à la lettre du Roi, & lui fit donner cinq cent livres fterlings pour faire fon voyage, & acheter un diamant qu'il porteroit toute fa vie. Sa joye fut d'autant plus grande, qu'il avoit été près de dix ans en prifon, fans autre crime que d'être attaché au Roi, & qu'il portoit à S. M. les vœux de la Nation pour le faire revenir.

Le Roi fut proclamé Souverain légitime des trois Royaumes, au bruit des cloches & du canon, & ce ne furent plus que fêtes & feux de joye dans la Ville & dans les Provinces.

Avant que la lettre du Roi fût rendue au

H 2

Par-

Parlement, le bruit qui s'étoit fourdement répandu dans Londres, que le Roi ne feroit pas
longtems fans être rétabli, fit, que plufieurs
perfonnes riches portérent au Roi de groffes
fommes à Breda, ce qui lui fervit beaucoup
à payer les dettes qu'il avoit contractées en
Flandres, & à remettre la joye dans fa petite
Cour, qui étoit obligée de vivre d'emprunts.
Mais enfin, la nouvelle arriva au Roi de l'heureux effet de fes lettres & de fa déclaration, &
les Hollandois lui firent alors mille offres de
fervices & tous les honneurs imaginables. Il
alla à la Haye, où les Députés de la Chambre des Communes & de la Chambre - Haute
le vinrent trouver avec la Flote pour le conduire à Londres, où il arriva heureufement
avec les deux Princes fes fréres, aux applau-
diffemens & aux témoignages de joye de toute
la Nation, le 8ᵉ. Juin 1660.

Six femaines auparavant, tout paroiffoit déf-
efpéré pour le Roi; & même Navailles, qui
étoit nôtre Ambaffadeur à Londres, homme
très habile dans les négociations, en jugeoit ainfi : il ne voyoit pas ce que Monck feul voyoit,
& ce qu'il cachoit foigneufement à tout le monde : mais lors que l'on eut appris depuis avec
plus

plus d'exactitude l'état des affaires, la division des Républicains, la laffitude du peuple fous un gouvernement fi variable & fi inconftant, le défefpoir de Monck de pouvoir arriver & fe maintenir à la place de Cromwel, le défir des troupes de n'avoir à dépendre que d'un Roi, le mépris où le Parlement étoit tombé dans l'efprit de la Nation par fes divifions inteftines, & parce que les Membres déchiroient mutuellement la réputation les uns des autres, les efforts perpétuels de la haute Nobleffe & des Evêques pour avilir un Parlement qui vouloit les dégrader pour toûjours de tout crédit & de tous honneurs, & fur-tout les difpofitions pacifiques du Roi, & fa clémence pour les rebelles; on verra que cette grande révolution, qui a paru fi merveilleufe, & quafi miraculeufe, ne l'a été effectivement que pour ceux qui en ont ignoré les caufes; car en les fuppofant telles qu'elles étoient en effet, loin qu'il y eût rien de merveilleux, il étoit impoffible qu'elle n'arrivât pas dans ces conjonctures : c'étoient des caufes toutes fimples, toutes naturelles, qui felon le cours ordinaire de la Providence, ne pouvoient pas ne point avoir inceffamment leur effet.

H 3

En

En 1659. le Cardinal Mazarin, craignant que si la guerre duroit entre la Suéde & le Dannemarck, la France, & par conséquent d'autres Puissances, ne fussent obligées de prendre parti & de rentrer en guerre, proposa à ces deux Princes la médiation du Roi pour les accommoder : elle fut acceptée des deux partis.

Le Roi de Dannemarck craignit, que s'il ne l'acceptoit pas, ce seroit défier le Roi de France de prendre le parti de la Suéde, dans dans un tems où la France en paix avec ses voisins pourroit donner à la Suéde des secours décisifs ; & la Suéde de son côté ne pouvoit pas choisir un Médiateur qui eût plus de panchant à lui faire rendre justice, à cause de la longue alliance qu'elle avoit depuis plus de trente ans avec la France.

Il est toûjours des intérèts des Princes, d'empêcher que les troupes des Princes voisins ne s'aguerrissent, tandis que les troupes des Princes pacifiques ne s'aguerrissent point. Ainsi le bon esprit & la bonne politique conseillent toûjours les Princes pacifiques d'Europe, d'empêcher ou de faire cesser la guerre en Europe, & même en Asie & en Afrique, pour n'avoir

ja-

jamais à craindre des troupes plus aguerries que les leurs.

Je conviens que les Princes qui ont fait ou foûtenu de longues guerres, ont leurs finances en défordre, & qu'ils font de ce côté là inférieurs en puiffance aux Souverains qui n'ont point eu de pareilles dépenfes à faire; mais il faut convenir auffi, que la fupériorité de valeur & de difcipline dans les troupes, eft bien d'une autre importance que la fupériorité de finance. Alexandre avec fes trente mille Macédoniens, pauvres, mais aguerris, devint bientôt fupérieur à Darius, qui par fes richeffes avoit cinq ou fix fois autant de troupes riches, mais non aguerries.

A N N E' E 1660.

Il y avoit de tems en tems des féditions à Marfeille, & les bourgeois de cette ville riche, fous prétexte d'anciens priviléges, refufoient fouvent de payer les fubfides auxquels toutes les autres villes fe foûmettoient fans peine pour foutenir l'Etat. Ces fréquentes réfiftances déterminérent la Cour à y bâtir une citadelle qui pût contenir ces bourgeois dans leur devoir. Ce fut en partie ce qui obligea le Roi

à

à faire un voyage en Provence : Il fit ouvrir les murailles de Marseille, & les laiſſa ouvertes, juſqu'à ce que la citadelle fût en état de dé-fenſe, & y fit travailler ſix-mille hommes.

Les villes comme les perſonnes, doivent être quelquefois récompenſées de leurs ſervices paſ-ſagers, mais par des penſions, des gratifications paſſagéres faites aux principaux promoteurs des ſervices, & non par des privilèges éternels, qui ſont des exceptions à la régle générale. Ces privilèges & ces exceptions cauſent toû-jours dans leur exécution beaucoup de diffi-cultés & de procès avec les Fermiers des droits royaux; car ſous le prétexte d'un privilège, on fait ſouvent des fraudes aux droits du Roi, & l'on ne ſauroit croire, combien de pareilles exceptions apportent d'embarras à ceux qui gouvernent, & combien, au contraire, la ſim-plicité & l'uniformité produiſent de facilité & d'utilité dans le Gouvernement.

Le Roi après avoir viſité pluſieurs Provinces de ſon Royaume, arriva enfin à Bayonne, tan-dis que de ſon côté le Roi Philippe IV. avec l'Infante, ſe rendit à Saint Sébaſtien. L'en-trevûe des deux Rois ſe fit dans l'Iſle des Faiſans.

En

En entrant chez le Roi d'Espagne, le Roi voulut être confondu pour un moment avec ses Courtisans, pour voir si le Roi & l'Infante d'Espagne, qui avoient vû son portrait à Madrid, le reconnoîtroient dans la foule : mais sa grande taille & sa bonne mine le découvrirent bientôt ; & effectivement c'étoit un des hommes de son Royaume le mieux fait, & dont la physionomie plaisoit davantage.

Comme le Roi présentoit au Roi d'Espagne, & lui nommoit les principaux de sa Cour, Philippe IV. lui demanda, *Où est celui qui m'a fait passer tant de mauvaises nuits ? où est M. le Vicomte de Turenne ?* Il étoit derriére la foule. Philippe lui fit beaucoup de caresses dans cette entrevüe.

La Reine mére fut ravie de revoir le Roi son frére, qu'elle n'avoit point vû depuis 45. ans qu'elle étoit venue en France. Tout se passa avec beaucoup de joye. La cérémonie du mariage qui s'étoit faite à Fontarabie par Procureur six jours auparavant, se renouvella le 9e. Juin par l'Evêque de Bayonne à Saint-Jean-de-Luz, & le Roi & la Reine se mirent en chemin pour revenir à Paris, & y firent une entrée magnifique le 26e. Août 1660.

Cette

Cette année, mourut un Prince, qui dans les cinq ou six années qu'il régna, fit beaucoup de bruit dans le monde, sans y acquérir cependant une réputation fort désirable, soit parmi ses sujets, soit parmi ses voisins. Ce fut Charles Gustave ou Charles X. Roi de Suéde, de la Maison Palatine, de la Branche Calviniste. Sa mére étoit sœur de Gustave-Adolphe ; ainsi, il étoit cousin germain de la célébre Christine Reine de Suéde fille du grand Gustave. Il n'avoit que quatre ou cinq ans plus qu'elle, & il avoit songé à l'épouser ; mais comme elle ne vouloit point se marier, elle se contenta de le faire désigner son successeur, & d'abdiquer même la Couronne en sa faveur en 1654.

Chacun se fait un plan de bonheur selon le degré de ses lumiéres & de sa prudence : on en change même selon que l'on change de goût, & selon que l'on acquiert plus de sagesse par l'expérience des années. Ce Prince avoit onze ans, quand le Roi Gustave-Adolphe son oncle fut tué à la bataille de Lutzen en 1632. & comme ceux qui avoient soin de son éducation, ne lui parloient que de la grande distinction que Gustave s'étoit acquise par les

ar-

armes ; il vifa dès fa premiére jeuneffe à acquérir la même diftinction par les mêmes
moyens, s'il pouvoit parvenir un jour à régner
en Suéde.

Comme il n'avoit que 32. ans lors qu'il parvint à la Couronne, il n'avoit pas affez fait
réflexion combien il faut rabattre du prix de
la diftinction qu'apportent les fuccès de la guerre ; & effectivement, une diftinction qu'il ne
pouvoit acquérir, fans accabler fes fujets d'impôts, fans fe faire haïr de fes voifins, fans
paffer pour un fleau de Dieu dans toutes les
provinces pillées & ravagées, & fans abandonner tous les autres foins néceffaires pour
empêcher les défordres & les injuftices qui fe
commettent dans l'Etat ; une pareille gloire
peut-elle être regardée par un homme fenfé comme une diftinction fort defirable ?

Tandis qu'il eut du fuccès en Pologne, il s'attira pour ennemis les Hollandois, qui commencérent à le craindre pour voifin. Tous fes voifins alliés feroient devenus fes ennemis, fi fes
fuccès avoient continué. Or comment auroit-
il pû leur réfifter à tous ? preuve qu'il vifoit
à des entreprifes impoffibles : fes fuccès furent
mêlés de difgraces. Enfin après la défaite de

fes

ſes Généraux , le chagrin qu'il en conçut lui cauſa des inſomnies & une fiévre maligne dont il mourut dans le mois de Février 1660.

Son grand courage eût été loüable , s'il l'eût employé au ſecours de ſes voiſins oprimés : ce ne fut rien de loüable lors qu'il ne s'en ſervit que pour opprimer ces mêmes voiſins. Il pouvoit en ſe contentant de ſes poſſeſſions actuelles , employer ſa médiation pour obliger le Czar à ne rien entreprendre d'injuſte , ni contre la Pologne , ni contre la Courlande ; & il eût été loüé de tout le monde , d'employer ſon courage & ſes forces pour faire durer la paix , pour ſecourir le plus foible , & pour lui faire rendre juſtice par le plus fort.

Mais toute la diſtinction qu'il a pû obtenir entre les Rois ſes pareils , s'eſt terminée à dire de lui , que c'étoit un voiſin très dangereux & très haïſſable , qu'il étoit né pour n'avoir point de repos , & pour donner aux autres beaucoup d'affaires & d'embarras ; diſtinction qui lui a beaucoup coûté , & qui eſt très peu digne d'envie.

Il avoit de grands talens pour la guerre & beaucoup de courage ; mais comme il les employa pour toute autre choſe que pour procu-

rer

rer à la focieté humaine une grande augmentation de bonheur ; ces talens, au lieu de lui procurer une gloire véritable & précieufe , ne l'ont
rendu que formidable & haïffable.

Il eut durant fon régne autant de peines &
de fatigues qu'il en eût falu pour acquérir une
diftinction digne d'envie : mais malheureufement
il n'avoit pas affez de difcernement, pour faire la différence néceffaire entre la bonne & la
mauvaife diftinction ; & c'eft un défaut affez
ordinaire à ceux qui ont eu une mauvaife éducation , qui ne connoiffent point l'ambition vertueufe, & qui n'ont qu'une ambition commune de devenir puiffans & terribles. Ils s'atti-
rent beaucoup de haine & de crainte par le
mal qu'ils font, & n'acquiérent, après tout,
qu'une réputation bruyante, mais dans le fonds
très odieufe.

Dans ce même mois de Février , mourut à
Blois Jean - Baptifte Gafton Prince de France,
frére du Roi Louis XIII. Il n'étoit pas méchant ;
cependant il caufa beaucoup de maux à fa patrie, en caufant beaucoup de troubles & de guerres civiles durant la minorité de Louis XIV. fon
neveu. Ses domeftiques, & fes créatures qui
n'avoient en vûe que leurs intérêts particuliers,

eu-

eurent trop de crédit fur fon efprit. Il avoit un parti à prendre, qui étoit de fe tenir étroitement attaché à la volonté de la Reine, & à l'avis du Miniftre général, pour maintenir la tranquillité, en fe confervant feulement le droit de repréfenter avec autorité fes raifons fur les partis qu'il croyoit meilleurs que ceux que prenoit le Miniftre général. Il lui manqua la forte de fermeté néceffaire, pour réfifter à fes domeftiques, & pour leur faire entendre, que la tranquillité de l'Etat valoit mieux elle feule que leur avancement particulier, & que des confeils dont les avantages n'étoient pas fuffifamment démontrés.

Il n'eut que peu de crédit parmi fes domeftiques mêmes ; au lieu qu'en fe tenant uni à la Reine & au Miniftre général, il eût acquis beaucoup plus d'eftime & de confidération dans le monde & dans fa famille : mais pour cela il lui faloit, ou un peu moins d'efprit pour ne point fe mèler du tout du Gouvernement, ou beaucoup plus d'efprit & d'application au travail, pour s'en mèler avec fuccès.

Par les efpérances frivoles, & particuliérement par les fauffes allarmes que favoit lui donner l'Abbé de la Riviére, homme de naiffan-

ce

ce obscure & de sentimens bas & vulgaires, de concert avec ses autres favoris, il fut toûjours vendu, trahi & à leur discrétion ; & ce fut la source de cette perpétuelle inconstance qui le décrédita par-tout. Plus les places sont élevées, plus elles demandent de fermeté dans la conduite.

Il y a trois moyens pour avoir une conduite ferme & constante. Le premier, c'est de ne décider sur le champ, que ce qui ne peut se remettre au lendemain. Le second, c'est de ne décider que contradictoirement, & après avoir entendu en même tems les parties qui peuvent avoir des intérêts opposés ou des opinions contraires. Le troisiéme, que je crois plus sûr en matiére difficile & importante, c'est de faire mettre par écrit en *abregé* les raisons pour & contre, pour les avoir toutes présentes devant les yeux, & pour pouvoir les comparer & les balancer les unes contre les autres : Il faut en revenir à la méthode de ceux qui veulent rapporter bien un procès.

Mais il ne faut pas demander toutes ces précautions à des esprits légers, superficiels, qui par leur mauvaise éducation n'ont point eu d'application aux affaires, & qui n'ont jamais

pour

pour but la juftice & le bien public. Il femble qu'ils font deftinés à être enfants toute leur vie. Or que doit-on attendre des grands enfants, fi ce n'eft une conduite d'enfants ?

Cette année fut encore la fin des difgraces du célébre Ragotski Prince de Tranfilvanie. Il mourut dans un combat les armes à la main contre les Turcs. Il étoit trop foible pour réfifter à la puiffance des Turcs, & trop fier pour vouloir dépendre de la Cour Impériale de Vienne. Il fit une faute de ne pas céder au tems, & de ne pas vouloir rabattre quelque chofe de fa fierté, en s'attachant à l'Empereur ; & l'Empereur de fon côté, & les Polonois en firent une autre de ne le pas défendre, pour ainfi dire, malgré lui contre les Turcs, comme une premiére barriére contre un ennemi commun.

Dans une autre fituation, fon grand courage & fa fierté lui euffent fervi à faire une grande figure dans l'Europe ; mais dans l'état de fes affaires, ces qualités ne fervirent qu'à refroidir fes Alliés, & à hâter la ruine de fa fortune & celle de fa Maifon. Le courage pour être une vertu, ne doit pas nous éloigner de la prudence. Le courageux doit favoir craindre

dre à propos & n'être pas entiérement rassu-
ré par son courage , lorsqu'il a sujet de tout
craindre des forces très supérieures de ses ennemis. On peut dire que ce Prince, pour se
conserver entre des voisins si puissants , avoit
encore plus besoin d'user toujours de prudence
& de patience, que de montrer si souvent son
impatience & sa valeur.

C'est particuliérement pour des Princes dont
les Etats sont exposés , que les ligues défensi-
ves sont absolument nécessaires à leur conservation ; & il faut pour les former & pour les
entretenir, des esprits plus souples, plus doux ,
plus patiens & plus pliants , que ces esprits fiers
& impatiens , plus faits pour avoir des succès
dans les combats que dans les négociations. Il
n'avoit pas les sortes de maximes qui convenoient à sa place.

A N N E'E 1661.

Le Cardinal Mazarin mourut à Vincennes
le 9. Mars 1661. à cinquante-huit ans passés.
Le Cardinal de Richelieu vécut à-peu-près le
même âge. Tous deux gouvernèrent la France
successivement comme Ministres Généraux, avec
la même autorité que les Grands Visirs gou-

<table><tr><td>*Ann. Polit.* I. part.</td><td>I</td><td>ver-</td></tr></table>

vernent chez les Turcs, & la gouvernérent à-
peu-près chacun dix-huit ans. Tous deux fort
ambitieux, Mazarin timide, plus rufé, plus fin,
plus fouple, plus inconftant : Richelieu plus
courageux, plus colére, plus habile, plus roide,
plus conftant.

Mazarin avec un génie plus borné pour les
affaires, connoiffoit mieux le foible des hommes, & favoit mieux les amufer d'efpérances.
Richelieu avec un génie beaucoup plus éten-
du, connoiffoit mieux les affaires, & gouvernoit autant en infpirant de la crainte aux
uns, qu'en donnant de l'efpérance aux autres.

Mazarin étoit plus adroit difcoureur, & plus
fait pour plaire à une femme. Richelieu étoit
bien plus propre pour gagner la confiance d'un
homme, & pour perfuader encor plus par des
effets que par des paroles.

Mazarin, non plus que Richelieu, n'a point
laiffé de parents de fon nom : Tous deux, en
penfant comme le vulgaire, ont amaffé de
grandes richeffes, pour faire fubfifter leur
nom avec éclat après leur mort, & pour cela,
choifirent des héritiers à qui ils fubftituérent
de grandes terres pour porter leur nom : mais
ni l'un ni l'autre ne fongeoit pas que l'hiftoire
de

de la Nation conferve les noms des Miniftres-
Généraux dans un beaucoup plus grand éclat,
quand ils ont fçû gouverner avec un défintéreffement courageux, & quand pour mieux gouverner ils ont négligé les intérèts de leur famille, pour avoir plus d'attention à augmenter
le bonheur de leur patrie.

Mazarin furpaffa de plus de moitié fon pré-
déceffeur en richeffes, & laiffa à fes héritiers
plus du double de revenu que n'avoient les
héritiers de Richelieu. Il vendoit toutes les graces qu'il pouvoit vendre, & accumuloit bénéfices fur bénéfices, dons fur dons, Gouvernemens fur Gouvernemens, argent fur argent,
pierreries fur pierreries. Il avoit même en or
huit millions de livres dans le château de Vincennes dont il étoit Gouverneur.

Le Roi s'en faifit après fa mort, & je ne
doute pas que ce ne fût avec juftice, par rapport à leur origine.

Ce Miniftre laiffa encore à Mr. Mazarin fon
héritier, dont le nom de famille eft La Porte,
plus de quatre - vingt mille onces d'argent de
rente en fonds de grandes & belles terres. Le
marc d'argent qui contient huit onces, valoit alors vingt - fept ou vingt - huit livres, &

vaut

vaut préfentement en 1730. environ cinquante livres.

Ces deux Miniftres préférérent malheureufement pour eux & malheureufement pour nous,
la diftinction vulgaire qu'apportent les richeffes & les dignités, à la diftinction précieufe,
la feule eftimée des fages, qui confifte à laiffer, par leurs grands bienfaits à la Nation,
leur nom en bénédiction dans la poftérité; au
lieu qu'avec leurs grandes richeffes, ils ont
laiffé leur nom plus haï qu'aimé, plus méprifé qu'eftimé, & ils ont fi bien fait, que l'on
n'attribue ce qu'ils ont fait de bien pour la
Nation, qu'au défir infatiable d'amaffer des revenus pour leur famille; ce qui eft le but de
tous les hommes du bas étage : car les ames
du commun préférent baffement leur petit intérèt particulier au grand intérèt public, &
veulent follement fe faire un nom digne d'envie, en s'éloignant d'une conduite vertueufe.
Ils ont, à la vérité, l'illuftration de la place élevée, mais non pas l'illuftration de la perfonne
de grand mérite; c'eft à dire, l'illuftration que
donnent les grands fervices, les grands talens
& la grande vertu.

Pour faire un grand homme, il ne fuffit pas
qu'il

qu'il trouve le moyen de monter à une place
élevée, s'il ne porte en même tems un efprit
élevé, une ame noble & élevée : un petit homme dans une grande place, y eft bien plus haï
& méprifé, que s'il étoit demeuré dans le bas
étage. Il faut compter, qu'il n'y a qu'un grand
génie, employé utilement pour le public, ac-
compagné d'une conduite pleine de droiture,
de courage, de fermeté, de juftice & de bienfaifance, qui faffe aimer, eftimer les Miniftres
durant leur vie, & qui faffe durer leur nom
avec éclat après leur mort.

Le Cardinal Mazarin dit un jour au Roi,
qu'il pouvoit devenir l'arbitre de l'Europe en fe
tenant armé, & en fe déclarant contre quiconque
n'auroit pas voulu d'arbitres ; & qu'il pouvoit
ainfi avoir la gloire, ou de maintenir toûjours
l'Europe en paix, ou de terminer promptement les guerres commencées : mais malheureufement il ne lui donna pas affez fouvent
ni affez longtems de pareils confeils, & ne les
appuya pas fuffifamment de raifons & d'exemples. Il ne commença pas à les infpirer & à
les nourrir durant tout le tems de fon éducation : ainfi, fes jeunes courtifans & fes jeunes
favoris, tous ambitieux d'une ambition vulgai-

re, firent tant par leurs difcours, conduits & dirigés par Le Tellier & par Louvois fon fils Miniftre de la guerre, qu'ils lui infpirérent le défir d'étendre fes frontiéres aux dépens de fes voifins ; défir injufte, qui a caufé depuis tous fes malheurs & toutes nos calamités : car il eft arrivé que nos conquêtes nous ont coûté dix fois plus qu'elles ne valoient, fans compter les hommes que nous y avons perdus, les ravages que nous avons foufferts, les dommages que nous ont caufé les fréquentes interruptions du commerce, fans compter les fubfides immenfes qui nous ont épuifé, la négligence de plufieurs parties de nôtre Gouvernement, qui nous euffent à petits frais procuré de grands avantages, & fans compter encore la haine & l'exécration de tous nos voifins, que nos guerres offenfives nous ont attirées.

Nos deux Miniftres Généraux ont toujours été fort agités. Quelles cruelles inquiétudes n'ont-ils point fouffertes, pour fe conferver dans une place où ils étoient parvenus avec tant de peines & d'intrigues ? Ce qui eft de vrai, c'eft qu'un homme vertueux n'a pas ordinairement affez de zéle pour le bien public, pour acheter la place de Miniftre général avec autant de

peines

peines & de travaux, que les ambitieux vulgaires. Il eſt bizarre que pour obtenir une place honorable, ils ne craignent point de faire le long des jours quantité de baſſes flateries, de lâches complaiſances, de calomnies cachées, & d'autres actions véritablement déshonorantes; parce que tels que les Princes & les Grands ſont faits, ces baſſes flateries, ces actions déshonorantes, ſont preſque toûjours néceſſaires pour parvenir à ces places élevées & honorables : Or qui eſt l'homme de bien qui voûlut les acheter à ce prix?

La diſgrace de Fouquet Sur-Intendant des finances, ſuivit de près la mort du Cardinal Mazarin. C'étoit un Gentilhomme de Bretagne, riche, & qui avoit vendu environ cinqcent-mille onces d'argent, la charge de Procureur général du Parlement de Paris, qu'il avoit exercée pendant quelques années. Il vouloit allier le plaiſir avec le travail : Miniſtre petit-maître qui aimoit le faſte, peu laborieux ; du reſte abſolument incapable des crimes de rebellion & de péculat dont on l'accuſa pour le faire périr. Il mourut en priſon à Pignerol près de vingt ans après.

Colbert n'eut pas la même dignité de Sur-

Inten-

Intendant ; mais fous le nom de Controlleur-général des Finances, il eut toute l'autorité de Sur - Intendant. Le Sur - Intendant fignoit les ordres & les comptes de dépenfes, au lieu que cette charge étant fupprimée, c'étoit au Roi à les figner ; mais il les fignoit tels que Colbert les lui préfentoit. Il n'étoit que fils d'un marchand de Rheims, & jufques là on n'avoit vû la charge de Sur - Intendant qu'entre les mains de gens de condition. Ainfi le Roi par les fignatures des ordonnances & des états que lui préfentoit Colbert, fit la fonction extérieure de Sur - Intendant, tandis que Colbert en faifoit tout le détail, fans être obligé de rendre compte des ordres & des états que le Roi avoit fignés.

Le Cardinal Mazarin peu avant fa mort, avoit commencé à dégouter le Roi de Fouquet, & lui avoit fort vanté l'habileté & le travail de Colbert, qu'il avoit fait Intendant des Finances, & qui prenoit foin des affaires du Cardinal.

Comme il étoit de l'intérêt des autres Miniftres de gouverner directement fous les ordres du Roi, & de n'avoir point de Miniftre général fur leur tête, & qu'ils craignoient que

Fou-

Fouquet ne prit le deſſus, ils contribuérent tous
à ſa diſgrace : Ils dirent au Roi, qu'il étoit de
ſa gloire de gouverner par lui-même : ce qu'ils
lui diſoient étoit très vrai ; mais c'étoit moins
pour l'accroiſſement de ſa gloire que pour l'accroiſſement de leur propre autorité, qu'ils firent
tous leurs efforts, comme de concert, pour
lui perſuader de faire lui-même les fonctions
de Miniſtre général.

Colbert fit ériger une Chambre pour la réformation des abus qui s'étoient gliſſés dans
les Finances ; & les Financiers qui avoient gagné des ſommes exceſſives dans leurs traités,
rendirent au Roi de grandes ſommes, dont il
ſe ſervit très utilement pour acquitter la plus
grande partie des dettes de l'Etat.

C'étoit le mauvais gouvernement des finances ſous le Miniſtère de Mazarin, qui avoit
cauſé ces abus. Il eſt vrai que ces abus pouvoient s'attribuer aux Sur-Intendants qui y
avoient été employés ; mais ils devoient encore plus s'attribuer au Miniſtre général qui les
toleroit.

Quoique Colbert fût un Miniſtre exact, laborieux, habile, les gens d'affaires ne laiſſérent
pas de gagner ſous ſon Miniſtére, pour le bien
même

même de l'Etat. Il faut que les Fermiers du Roi gagnent avec lui, mais non pas à un excès intolérable : aussi à sa mort en 1683. on ne fit point de Chambre de justice, ce qui est un grand éloge pour un Ministre des Finances.

Si on vouloit suivre en France la méthode d'Angleterre, pour trouver tout d'un coup beaucoup d'argent à emprunter, nous n'aurions plus besoin des avances & des traités à forfait des gens d'affaires ; ainsi, ils n'amasseroient plus de richesses immenses aux dépens des peuples. Le Roi en seroit beaucoup mieux servi : mais comme le Ministre des finances y perdroit plus de cent-cinquante-mille francs par an, il faudroit pour établir pareille méthode, que le Roi commençât par promettre au Ministre des Finances qu'il établiroit, une pension de cinquante-mille écus pour lui & pour ses enfants. Le Roi & le Royaume y gagneroient plus de dix millions par an que gagnent les Gens d'affaires. J'ai expliqué la matiére ailleurs.

L'habileté d'un Roi dans un établissement qu'il croit utile, & qu'il veut former, c'est d'aller toûjours au devant du Ministre, dont l'intérêt particulier est de le faire échoüer par les difficultés qu'il fera naître dans l'exécution ;

tion ; ainſi c'eſt au Roi à commencer par le tirer hors d'intérêt , par un dédommagement avantageux d'une penſion qui finira à la premiére génération : au lieu que l'avantage qu'en tirera l'Etat ne finira point.

A N N E' E   1662.

En 1662. le Roi eut deux affaires déſagréables que lui attirérent deux de ſes Ambaſſadeurs, l'un à Londres , l'autre à Rome ; & chacun d'eux aigrit ſi bien l'eſprit de ce Prince, qu'il ne tint pas à eux qu'elles ne cauſaſſent au Royaume deux grands malheurs pour deux bagatelles.

Watteville de Franche-Comté , Ambaſſadeur d'Eſpagne à Londres, ayant envoyé ſon carroſſe dans une entrée publique au devant de l'Ambaſſadeur de Suéde , chargea ſes gens de faire en ſorte que ſon carroſſe eût la marche la plus honorable avant le carroſſe de l'Ambaſſadeur de France.

Le cocher du Comte d'Eſtrades Ambaſſadeur & depuis Maréchal de France fut battu , les traits de ſes chevaux coupés par les gens de Watteville ; Voila pour cent francs de dommage : car enfin le Roi de France en étoit-il

ni

ni moins eſtimé , ni moins craint, ni moins conſideré chez les étrangers pour la folie de Watteville & de ſon cocher ?

Si Watteville eſt un fou , ſi d'Eſtrades eſt piqué, faut-il qu'il en coûte à la France cent millions , & la vie à trente-mille hommes, pour dépiquer le Comte d'Eſtrades & pour raccommoder les traits de ſes chevaux ?

Je conviens que c'eſt un malheur qu'un cocher battu & des traits coupés par l'ordre d'un fou ; mais c'eſt un très petit malheur ; & un compliment de la part du Roi d'Eſpagne , doit & peut réparer facilement un pareil malheur, comme il le repara. Mais en bonne foi, ſi le Roi d'Eſpagne eût été aſſez fou de ſon côté pour ne vouloir pas faire ce compliment, faloit-il que le Roi de France fût aſſez injuſte du ſien , pour aimer mieux faire ſoufrir à ſes ſujets tous les malheurs d'une guerre qui peut durer, que de ſe paſſer de compliment ? Cependant tel eſt le conſeil de la colére des enfants , de la colére du vulgaire.

En vérité, c'eſt ou ne pas ſavoir ce qu'il en va coûter de malheurs à ſes ſujets , ou ne compter pour rien leurs plus grands maux ; ce qui eſt, ou ſotiſe, ou bêtiſe, ou inhumani-

té

té & cruauté. C'étoit à D'Eſtrades en bon citoyen, en bon ſerviteur du Roi, à adoucir ſon
maître, en traitant cette affaire de folie & de
bagatelle, & non pas à l'aigrir en la lui faiſant
regarder comme une affaire importante, & comme une inſulte perſonnelle, qu'il faloit venger
par une ſanglante guerre.

Eſt-il donc néceſſaire de faire des folies, parce que nôtre voiſin eſt fou ? Je ſai bien qu'il
eſt difficile de ſoufrir une injure, une inſulte, ſur-tout quand on ſe ſent le plus fort ;
mais la réputation de moderé ne vaut-elle
pas bien la réputation d'impatient & d'emporté ?

Heureuſement le Roi d'Eſpagne, le plus ſage & le moins fort, fit déclarer que ſes Ambaſſadeurs ne diſputeroient jamais la préſéance
aux Ambaſſadeurs de France ; & cette grande
affaire fut appaiſée avec quelques paroles d'hon-
nêteté.

L'affaire que le Duc de Crequi eut avec les
troupes de la garde du Pape, que l'on nommoit les Corſes, étoit une ſuite des airs de
hauteur que ce Duc avoit ordre de prendre
avec les Chiggi parents & Miniſtres du Pape
Alexandre VII., qui de leur côté par leurs
maniéres inſolentes cherchoient à mortifier la

France

France & son Ambassadeur. Ils étoient les premiers fous de chercher à insulter la Nation Françoise ; mais je ne sai si nôtre Conseil faisoit sagement d'ordonner au Duc de Créqui de les mortifier en tout.

Ces petites picoteries personnelles font de vrayes petitesses de particuliers, vrais procedés d'enfants. Le Prince sage & vertueux doit agir indépendamment de la conduite bizarre & folle des Princes ses voisins, & aller tonjours d'un pas égal, aux solides intérèts de la Nation, en faisant semblant de ne pas s'appercevoir des extravagances des autres.

Le Pape & ses Neveux furent mortifiés deux ans après, d'être obligés à faire de grandes soumissions au Roi ; mortification honteuse, qu'ils auroient facilement évitée dans les commencemens avec une patience loüable, & qui étoit très convenable à la place du Pape. Le maître qui abandonne de bonne grace ses gens quand ils ont eu tort, montre évidemment qu'il est fort éloigné d'avoir tort lui-même.

Quand on compare ce qu'il en couta au Roi & à son peuple pour avoir à Paris des reverences & des complimens de la part du Pape, on
trou-

trouvera que c'eſt les acheter vingt fois plus qu'ils ne valoient; car le Roi envoya des troupes en Italie ſous les ordres du Maréchal de Bellefonds alors Lieutenant Général. Cette équipée finit par un traité fait à Piſe, dans lequel le Pape s'obligeoit à faire faire ſes compliments; car qui eſt-ce qui paya ſes troupes? ne fut-ce pas les peuples qui payérent leur taille un peu plus forte?

La France conclut cette année 1662. un traité avec la République de Hollande, par lequel ces deux Puiſſances ſe promettoient mutuellement des ſecours ſuffiſants pour ſe *défendre* contre quiconque les attaqueroit, & convenoient en même tems de pluſieurs articles de commerce: mais ce traité ne dura pas.

Les traités que chaque partie peut rompre *impunément* ne ſauroient durer, parce que les intérêts vrais ou apparens changent bientôt, & font changer de volonté à quelcune des parties.

D'où vient que les traités entre deux familles d'une même ville durent toujours? c'eſt qu'aucune ne peut les rompre *impunément.* Les loix, les Juges s'y oppoſent, & l'Etat prête ſes forces aux Juges pour faire exécuter leurs jugements

quand

quand il en eſt beſoin, & celui qui feroit tenté
de réſiſter aux Juges, ne ſuccombe point à la
tentation, parce qu'il voit évidemment qu'il
le tenteroit en vain, & que ſa réſiſtance ne
feroit que doubler, tripler ſon mal ; mais tant
que les Puiſſances de l'Europe ne conviendront
point de former entre eux une Diéte Européane, pour faire obſerver les traités, pour empêcher qu'ils ne ſoient rompus *impunément*, &
pour conſerver chacun d'eux dans ſes poſſeſſions actuelles, il ne faut pas qu'ils eſpérent
faire jamais aucune ligue durable, ſoit défenſive,
ſoit offenſive.

Il y a quelquefois des Souverains qui en-
trent dans les traités comme garants, & qui
promettent de garantir l'obſervation d'un traité dont ils ont été Médiateurs ; mais ce ne ſont
que des promeſſes : Or qui forcera ces Souverains
à tenir leurs promeſſes ?

Il y eut l'hyver de cette année une grande
famine qui ſe fit ſentir juſqu'à la moiſſon, &
cela fut cauſe que l'on trouva à redire à la
dépenſe d'un magnifique Carrouſel que donna
le Roi ; & effectivement, quoique chaque particulier qui faiſoit de la dépenſe à ce Carrouſel, n'eût peut-être pas donné le montant de

cette

cette dépenſe pour ſoulager les pauvres qui mouroient de faim ; il ſemble qu'il ſied mal de donner des fêtes publiques, & de faire faire des dépenſes ſuperfluës, dans des tems de miſére publique, & lors que l'on voit dans les ruës & dans les grands chemins des malheureux mourir de foibleſſe faute d'un morceau de pain.

A l'égard de la famine, j'en ai vû quatre en France en ſoixante-quatre ans, & chacune a coûté à l'Etat plus de deux-cent-mille perſonnes d'extraordinaire l'une portant l'autre ; car elles ont été moins fortes l'une que l'autre.

A ce propos, je dirai que j'ai vû une partie du bled qui avoit été amaſſé dans un magazin de Metz, fait durant le ſiége de Charles-Quint vers 1552. Il y en avoit dans un long grenier environ deux pieds de haut. Il s'étoit fait une croûte au-deſſus d'un demi pied d'épaiſſeur ; elle étoit très dure ; on la rompit à coups de hache ; elle empêchoit la communication de l'air, le reſte du bled étoit ſain. J'en ai mangé du pain qui étoit bon, plus de 150. ans après. Cela me fait croire que dans les années abondantes, on pourroit, dans des voutes où il n'y a point d'humidité, faire dans chaque ville

Ann. Polit. I. part.   K   des

des greniers publics, & les remplir dans l'abondance : mais il faudroit faire encore fur cela
diverfes expériences pour mettre le bled à couvert de l'air extérieur.

Le Roi fit cette année foixante nouveaux
Chevaliers du Saint-Efprit pour remplir le nombre de cent. Les marques extérieures de diftinc-
ction devroient être différentes & affectées aux
différentes claffes d'emplois publics. Les Maréchaux de France devroient avoir une marque
fur leur habit, différente de celles des Lieute-
nans Généraux : ces marques extérieures aug-
menteroient l'émulation à qui ferviroit le mieux
l'Etat, fi le Roi nommoit toûjours un des trois
choifis par fcrutin dans la claffe inférieure pour
remplir une place vacante dans la claffe fupérieure.

Le Prince fe feroit aimer de tous fes fujets,
en fe conformant ainfi dans la diftribution des
honneurs au jugement des trente meilleurs con-
noiffeurs qui font les pareils; au lieu que s'il
ne fuit pas la méthode du fcrutin, il fait vingt
fois plus de mécontents que de contents, &
fe fait ainfi beaucoup plus haïr qu'aimer. Or,
une inftitution qui fait vingt fois plus haïr &
méprifer l'inftituteur qu'elle ne le fait eftimer &
aimer,

miner; & qui ne fert de rien à l'Etat, n'eft-elle pas très infenfée ?

Il faudroit des marques diftinctives fur l'habit des Princes & des Princeffes du fang, & fur l'habit des principaux Officiers de l'Etat. Les Gentilshommes devroient avoir leur marque au lieu d'épée, qui n'eft pas marque diftinctive pour eux. Toutes ces anciennes inftitutions font des reftes de l'ancienne enfance de la raifon humaine.

A N N E'E 1663.

Le Comte d'Eftrades, habile négociateur, acheta pour le Roi Dunkerque du Roi d'Angleterre cinq millions de livres à vingt-huit livres le marc. Les Hollandois voulurent s'y oppofer; mais ce Négociateur paffa d'Angleterre en Hollande, & trouva le moyen de les appaifer. Ils s'obligèrent même par un nouveau traité à garantir cette acquifition, parce que le Roi de fon côté s'engagea à leur donner du fecours contre les Anglois, & contre l'Evèque de Munfter avec qui ils étoient prets d'entrer en guerre.

Il femble d'abord que c'eft acheter cher une place qui coûte trois fois plus à entretenir de fortifications & de garnifons qu'elle ne peut valoir de revenu ; mais si le Roi eût voulu l'avoir par force, il lui en auroit coûté dix fois, vingt fois davantage, & n'eût pas été sûr d'y réussir ; & à l'égard de la garnison, elle ne lui coûtoit rien, puisqu'il ne faisoit que faire passer à Dunkerque, nouvelle frontiére, partie des garnisons des villes de derriére qui étoient anciennes frontiéres.

Le Roi d'Angleterre fit en cela un coup hardi ; mais il fit entendre aux Anglois que cette place leur coûtoit beaucoup à garder & ne leur rapportoit rien, qu'ils ne pouvoient pas même la garder longtems, & que ces cinq millions seroient employés à acquitter ses dettes, qu'il auroit fallu prendre sur le peuple. Il envoya la garnison de Dunkerque prendre possession de Tanger que le Roi de Portugal lui avoit cedé pour la dot de l'Infante de Portugal qu'il venoit d'épouser.

Le Roi, par le traité des Pyrenées de 1659. avoit promis au Roi d'Espagne son beau-pére, de ne secourir ni directement ni indirectement les Portugais, que les Espagnols regardoient comme des rebelles, & dont la rebellion duroit depuis vingt-trois ans : mais comme ce n'étoit pas son intention d'abandonner réelle-

ment

ment le Roi de Portugal, il l'affifta toujours & d'hommes & d'argent; & cette année il permit au Vicomte de Turenne, parent de la Reine de Portugal, de lever des troupes en France, & de les envoyer en Portugal fous le commandement du Comte de Schomberg, depuis Maréchal de France, qui obligea enfin l'Efpagne, cinq ans après, à reconnoître pour Souverain légitime le Roi de Portugal, & à faire la paix avec lui, après vingt-huit ans de guerre.

Il eft évident que par ces fecours indirects, le Roi manquoit à l'engagement où il étoit entré avec l'Efpagne dans le traité des Pyrenées, de ne donner aucun fecours, ni directement, ni indirectement au Roi de Portugal. Le Roi favoit bien que c'étoit lui qui payoit les troupes, les munitions & l'argent qui s'envoyoient en Portugal; mais il croyoit qu'il fuffifoit de fe cacher fous le nom du Vicomte de Turenne.

Cette infraction du traité n'étoit ignorée de perfonne; mais pour excufer le Roi, on difoit, que l'Empereur Ferdinand, malgré fon engagement pris au traité de Munfter de 1648. de ne point donner du fecours au Roi d'Efpagne, ni directement ni indirectement, n'avoit pas laiſſé de lui fournir ſecrétement & hommes & argent.

Ces exemples prouvent, que les engagemens que les Princes prennent contre leurs intérêts, n'ont aucune ſolidité tant qu'ils peuvent y manquer impunément; & ils y manqueront toujours impunément, tant qu'il n'y aura point de traité entre tous les Souverains d'Europe, pour la garantie de l'exécution des traités, & tant que les garants n'établiront point une punition ſuffiſante & inévitable, contre quiconque voudroit réſiſter au jugement & à la déciſion des Souverains arbitres & garants, qui, pour cet effet, auroient toujours dans une ville neutre une aſſemblée permanente de leurs Plénipotentiaires, où ſe traiteroient journellement les demandes réciproques entre Souverain & Souverain.

Cette année, les treize Cantons Suiſſes envoyérent à Paris trente-neuf Députés ou Ambaſſadeurs, c'eſt-à-dire, trois de chaque Canton, pour renouveller l'alliance avec la France: les articles en furent dreſſés ſur les précédents, & en trois conférences tout fut réglé. Cette alliance dure depuis François Premier vers 1517. Nous n'avons eu aucune alliance

ſi longue avec aucun Etat voiſin, & je ne
crois pas qu'il y en ait jamais eu une ſi longue au monde entre aucun voiſin : C'eſt que
nous y gagnons partie de leurs habitans, & qu'ils
y gagnent nôtre argent : nous y gagnons leurs
hommes ; la moitié de leurs Officiers & de leurs
ſoldats s'établiſſent parmi nous ; l'autre moitié
porte nôtre argent chez eux : Ils y gagnent encore nôtre protection contre l'Empereur & contre leurs autres voiſins. Ils ne ſont pas regardés
comme les peuples les plus ſpirituels de l'Europe, & cependant ils ſe ſont gouvernés mieux
que les peuples les plus ſages.

Les prudents Venitiens avec leur habileté,
ont été en diminuant depuis deux-cent ans.
Les Suiſſes avec leur bon ſens, ont accru leur
conſidération, leur ſûreté & leurs revenus.
Ils n'ont à craindre que la diviſion qui peut
naître entr'eux à l'occaſion de la différence de
Religion ; & s'ils ne ſe ſont pas diviſés ſur cet
article, c'eſt une grande preuve de leur ſage
patience & de leur habile modération.

Feu Gourville homme de Finance, a laiſſé
des Mémoires imprimés ſous la Régence de
Louis XV. Il étoit l'Intendant des affaires de
Mr. le Prince de Condé, & étoit avec lui à

K 4 Bru-

Bruxelles, lorſque ce Prince ſervoit l'Eſpagne contre ſa patrie. Il dit avoir ſçû de Caſtel-Rodrigue Gouverneur des Pays-Bas, que dans le Conſeil d'Eſpagne on a vérifié en 1663. que l'Eſpagne depuis Charles-Quint en moins de 150. ans, a dépenſé plus de 1873. millions de livres à vingt-huit livres le marc, pour conſerver les Pays-Bas, ſans compter les revenus du Pays qui y ont été conſommés, ſans qu'il en ſoit rien paſſé en Eſpagne.

Si l'on y ajoûte les revenus du pays, & ce qu'il en a coûté depuis 1663. juſqu'en 1715. au commencement de la Régence, on trouvera que l'Eſpagne auroit gagné plus de 1900 millions, ou cent millions de rente annuelle, à abandonner toute la Flandre & tous les Pays-Bas, ou à une République, ou à un Prince particulier, lorſque Charles-Quint alla fixer ſon ſéjour en Eſpagne.

La choſe auroit été fort différente, ſi Charles-Quint eût eu aſſez bon eſprit pour imaginer & établir le projet de paix perpétuelle, qu'imagina depuis Henri IV. Roi de France, & qui ſe réduit à ſigner, & à faire ſigner cinq articles fondamentaux : car Charles-Quint & ſes ſucceſſeurs auroient conſervé les dix-ſept

Pro-

Provinces & la Franche-Comté, & en auroient pû tirer plus de quinze millions par an tous fraix faits, ce qui en deux-cent ans auroit monté à trois milliards.

Tel est le grand inconvénient d'avoir des Etats séparés les uns des autres, & c'est sur ce fondement qu'un Auteur Italien, qui vivoit sous Philippe Second, en comparant les forces de la France & de l'Espagne, feignoit d'avoir mis dans un plat de la balance, la France d'un côté, & dans l'autre le continent de l'Espagne, à laquelle étoit joint alors le Portugal, & qu'alors ils étoient en équilibre ; mais qu'ayant ajouté à l'Espagne les dix-sept Provinces des Pays-Bas & la Franche-Comté, au grand étonnement des spectateurs, la France commençoit à l'emporter, & qu'y ayant encore ajouté le Milanois & le Royaume de Naples & de Sicile, la France l'emportoit alors de beaucoup.

Cela me fait croire, que de tous les Princes de l'Europe, celui qui eût le plus gagné à former cette espèce d'arbitrage Européan pour terminer sans guerre les différends des Souverains, c'eût été Charles-Quint ; & de-là on peut conclurre, que l'Empereur en est devenu réellement moins puissant pour avoir acquis de nou-

nouveaux Etats féparés en Italie, à moins qu'il n'obtienne l'établiffement de la Diéte Européa-ne, pour affûrer aux Puiffances de l'Europe la confervation de leurs Etats, avec une fûre-té dix fois plus grande, & cependant avec la moitié moins de dépenfe.

ANNE'E 1664.

Colbert Miniftre des Finances & du Commer-ce, voyoit en gros combien le commerce mariti-me avoit enrichi les Hollandois & les Anglois; ainfi pour les imiter, il établit d'un côté, une Compagnie pour aller aux Indes Orientales ache-ter des épiceries, du caffé, du thé, des porcelai-nes, des laques, des cotons, de la foye, des toi-les, des foyeries &c. Et de l'autre il forma la Com-pagnie d'Occident pour le fucre, le tabac, les tein-tures, le cacao, mais les adminiftrateurs, faute de réfider la plûpart au port de la Compagnie, faute de connoiffance fuffifante dans le commerce ma-ritime, & fur-tout, faute d'intérèt fuffifant dans le gain de la Compagnie, les bons travailleurs furent dégoûtés de travailler pour des Action-naires fainéans, & ne fongèrent qu'à leur in-térèt particulier, négligérent l'intérèt commun, & laiffèrent ainfi périr entre leurs mains les

com-

commencemens de ces beaux établiſſemens.

Colbert n'étoit pas ſi occupé des grandes vües, que cela lui fit négliger les établiſſe-mens tant ſoit peu importans. Il vit que les Italiens s'étoient perfectionnés dans la peinture & dans la ſculpture, par des Académies, où les commençants peuvent beaucoup avancer en peu de tems, & profiter avec émulation des remarques des meilleurs maîtres : Cela le de-termina à établir une pareille Académie à Paris. Elle tint ſes aſſemblées au vieux Louvre.

La peinture, la ſculpture, la muſique, la poëſie, la comedie, l'architecture, prouvent les richeſſes preſentes d'une Nation : elles ne prouvent pas l'augmentation & la durée de ſon bonheur ; elles prouvent le nombre des fai-néans, leur goût pour la fainéantiſe, qui ſuffit à entretenir & à nourrir d'autres eſpéces de fai-néans ; gens qui ſe piquent d'eſprit agréable, mais non pas d'eſprit utile ; ils veulent excel-ler ſur leurs pareils ; mais ils ſe contentent ſotement d'exceller dans des bagatelles, dans des choſes peu importantes pour un bonheur un peu durable.

Ce n'eſt pas que ces ouvriers illuſtres ne travaillent ; ce n'eſt pas qu'ils ne faſſent des

ouvra-

ouvrages difficiles & où ils employent beaucoup d'efprit & d'adreffe ; mais c'eft dommage
de tant dépenfer d'efprit dans des ouvrages
fi peu utiles pour le bonheur folide de la focieté. C'eft un défaut de nôtre Gouvernement, de ne propofer pas des occupations
plus utiles, au lieu de femblables amufemens
paffagers, dont il ne refte aucune utilité, ni
pour les pauvres familles, ni pour la poftérité.

Qu'eft-ce préfentement que la Nation Ita-
lienne, où ces arts font portés à une haute
perfection ? Ils font gueux, fainéants, pareffeux, vains, poltrons, occupés de niaiferies.
Tels font devenus peu à peu, par l'affoibliffement
du Gouvernement, les miferables fucceffeurs
de ces Romains fi eftimables, de ces contemporains de Caton, qui étoient dignes de gouverner les autres Nations, & capables, en les
affujettiffant, de les rendre plus heureufes qu'a-
vant leur affujettiffement.

Colbert grand travailleur, en négligeant les
Compagnies de commerce maritime, pour avoir
plus de foin des fciences curieufes & des beaux
arts, prit l'ombre pour le corps, donna l'ombre aux François, & laiffa le corps aux Hollandois & aux Anglois.

Les

Les Corſaires d'Alger nous enlevoient ſouvent des vaiſſeaux de Marſeille, & dégoûtoient
ainſi nos marchands du commerce du Levant.
Le Duc de Beaufort, aidé des conſeils du Commandeur Paul, les battit, les forca de rentrer
dans leurs ports, & leur prit même Gigeri, petite place en Barbarie, qu'il fut obligé de leur
abandonner: mais comme on ne put les obliger à faire un traité de paix, la dépenſe de cet
armement nous coûta vingt fois plus qu'il ne
nous rapporta d'utilité.

L'année ſuivante, les pirateries recommencè-
rent, & à dire le vrai, elles dureront toujours,
juſqu'à-ce que les Souverains Chrêtiens, dont
les côtes ſont ſur la Méditerranée, ou qui y
font commerce, donnent chacun leur contingent aux Chevaliers de Malte, qui ſont très-
heureuſement ſitués, pour nettoyer cette mer
de Corſaires.

Chacun de ces Princes y gagneroit plus de
la moitié de leurs pertes & de leurs dépenſes,
& ils auroient incomparablement beaucoup plus
de ſûreté, qu'en faiſant ſéparément la guerre à
ces Corſaires, ou en leur payant ſéparément
un tribut aſſez honteux.

Les Chevaliers de leur côté y gagneroient
les

les prises & une grande considération dans les
trois parties du monde. C'est le fonds du projet du feu Commandeur de St. Pierre mon
frére, pour extirper ces Corsaires.

Cette entreprise de Gigeri, étoit une entreprise à-peu-près aussi folle, que seroit celle des
Algériens, s'ils vouloient faire la conquête de
quelque petit port en Provence ou en Languedoc, parce qu'ils ne pourroient jamais le conserver malgré les François : Ce qu'il nous en
eût coûté pour conserver Gigeri, eût été vingt
fois plus considérable que le profit qu'il nous
eût raporté.

Les Turcs, qui avoient pris l'année précédente Neuhausel en Hongrie, se préparoient à
faire de nouvelles conquêtes de ce côté-là.
L'Empereur demanda du secours à la France,
comme membre de l'Empire à cause de l'Alsa-
ce. Le Roi lui accorda quatre mille hommes
d'infanterie & deux-mille chevaux ; c'étoit
quatre fois plus que son contingent. Ces troupes furent cause de la victoire de St. Godart
sur le Raab, & cette victoire fit conclure une
paix avantageuse avec les Turcs.

C'est une faute essentielle à un Souverain,
de laisser aguerrir les troupes de son voisin,

sans

fans aguerrir les fiennes en même tems. Ainfi, il eft forcé de prendre parti dans toute guerre de fon voifinage ; & le parti qu'il peut prendre avec juftice & bienféance, c'eft celui qui le rend arbitre contre celui qui ne veut agréer aucun arbitrage. Son intérèt & fon devoir, c'eft d'empêcher tout agrandiffement de territoire, & par conféquent, de procurer à chacun la confervation du fien.

Un pareil plan de conduite eft très raifonnable, & il convient de le faire connoître publiquement à fes voifins, afin de dégoûter les Princes impatiens de prendre les armes, par la certitude qu'ils auroient de perdre en pure perte les frais de la guerre, les dommages de leurs frontiéres, & le préjudice que leur cauferoit l'interruption du commerce.

Le Roi de France peut devenir ainfi l'arbitre de l'Europe, pourvû qu'il déclare qu'il ne veut point agrandir fon territoire, & qu'il fe déclare contre celui qui refufera les arbitres qu'il leur nommera, ou dont ils conviendront. Or y a-t-il pour un Roi de France un perfonnage plus loüable & plus honorable, que d'affermir la paix parmi toutes les Nations Chrétiennes, & d'ètre regardé dans toute l'Europe

com-

comme le Pacificateur & le Médiateur de tous les differends qui naiſſent entre les Souverains?

Les canaux navigables ſont extrémement utiles au commerce intérieur du Royaume; c'eſt par leur moyen que des denrées & des marchandiſes peſantes ou de grand volume, peuvent ſe tranſporter à petits frais d'un lieu où elles ſont en abondance & inutiles, dans les lieux où il y en a diſette, & enrichir ainſi les vendeurs & les acheteurs.

Ricquet habile Ingénieur, propoſa dans ce tems-là au Roi de faire remonter les bateaux de la Garonne juſqu'en un endroit, où par differens ruiſſeaux, il formeroit un canal qui aboutiroit à d'autres riviéres & à d'autres canaux, & que ces bateaux arriveroient enfin de l'embouchure de la Garonne qui eſt dans l'Océan, au port de Cette, qui eſt dans la Méditerranée, ſans être obligés de paſſer le détroit de Gibraltar. C'eſt ce canal que l'on a pour cela appellé le Canal de jonction des deux mers, & enfin, le canal de Languedoc.

Colbert, qui étoit naturellement porté aux entrepriſes favorables au commerce, trouva ce projet ſolide & grand, & le fit goûter au Roi. Ainſi Ricquet, avec la protection de la Cour,

vint

vint heureusement à bout de l'exécuter, &
ce canal se trouve effectivement fort utile aux
Provinces par où il passe; parce que les droits
de péages & les réparations sont très modiques,
& que la Province veille toûjours à empêcher
les vexations des péagers.

Ce canal qui commence près de Touloufe &
qui communique à la Garonne, a plus de soixante lieues de long. Il y a cent-quatre éclufes
pour foutenir les eaux qui viennent d'un grand
baffin qui les reçoit de diverfes fources par divers petits canaux. Ce baffin eft de deux-cent
toifes de long fur cent-cinquante de large. Il eft
à Naurouse lieu elevé entre Touloufe & Agde.
Une partie de ces eaux defcend par un canal dans
la Garonne à l'Océan, l'autre partie defcend dans
une petite riviére à la Mer Méditerranée. Cet
ouvrage fut achevé feize ans après, en 1680.

Il y eut cette année plufieurs fêtes à la Cour.
Les Miniftres, en fuivant les maximes du Cardinal Mazarin, étoient fort aifes, que les plaifirs éloignaffent le Roi de l'application aux
affaires du Gouvernement : Il leur en revenoit
à chacun d'entre eux plus d'autorité pour décider les affaires de leur département à leur
fantaifie.

Ann. Polit. I. part.   L   A N-

ANNÉE 1665.

Longtems avant Ciceron, les Philofophes ta-
choient d'accommoder la liberté de l'homme
avec la certitude de la prefcience de DIEU.
Les plus fages s'en tenoient à convenir de ces
vérités : 1°. que l'homme eft libre : 2°. que
Dieu prévoit avec certitude les actions libres :
3°. qu'il ne falloit rejetter ni l'une ni l'autre de
ces vérités, quoiqu'ils ne compriffent pas *comment* ces vérités pouvoient fe concilier enfemble.

D'autres Philofophes, extrêmes & préfomptueux, nioient hardiment une de ces vérités ;
Les uns foutenoient, que l'homme qui méritoit tantôt punition tantôt récompenfe, étoit
libre dans fes actions ; mais ils nioient en
même tems, que Dieu prévit avec une certitude parfaite les actions libres de l'homme.

Les autres foutenoient que Dieu prévoyoit
tout avec la plus grande certitude, que c'é-
toit lui qui faifoit mouvoir l'homme, & qui
lui faifoit choifir, tantôt le mal moral, tantôt le bien ; mais ils nioient que l'homme fût
libre, & qu'il méritat ni punition ni récompenfe.

Cha-

Chacun de ces deux partis de Philofophes extrèmes, étoit forcé d'avouer des conclufions très abfurdes, qui fe tiroient naturellement de leurs opinions oppofées, au lieu que les plus fages, en avouant qu'ils ne concevoient pas *la maniére de concilier* ces deux vérités, n'étoient point obligés d'adopter ces abfurdités.

On dit que Ciceron, fur cette queftion de la liberté de l'homme & de la prefcience de Dieu, difoit, que s'il falloit opter, il aimeroit mieux dire que l'homme eft libre, & que Dieu ne prévoit pas avec une certitude parfaite les actions humaines parfaitement libres : Mais heureufement, l'homme fage n'eft pas dans l'obligation de nier aucune de ces deux vérités. Il fe contente d'avoüer qu'il ne fauroit les concilier. Mais la plûpart des hommes, par impatience, par préfomption, par vanité, par efprit de parti, par l'envie de fe diftinguer, ou entreprennent avec des mots obfcurs de faire cette conciliation, ou foutiennent une vérité, en condamnant d'erreur la vérité oppofée, & ouvrent par-là un grand champ à des difputes éternelles.

Les mêmes difputes reviennent de tems en tems parmi les hommes, & y reviendront toûjours

jours de fiécle en fiécle ; mais il y a des fiécles où elles font plus de bruit que dans d'autres. Elles firent beaucoup de bruit du tems de Pélage, Moine Ecoffois, qui s'étoit retiré dans la Paleftine, & qui eut pour adverfaire Saint-Auguftin Evêque d'Hippone en Afrique il y a treize-cent ans, à l'occafion du mot de *grace* que chacun d'eux interprétoit à fa maniére.

Cette difpute recommença en Europe du tems de l'établiffement des héréfies de Luther & de Calvin. Elle fe réchaufa chez les Hollandois, & y produifit le Synode de Dordrecht en 1618. Elle fe ralluma fortement en France parmi les Théologiens vers 1640. à l'occafion d'un livre latin compofé par Janfénius Evêque d'Ypres.

Le Confeil du Roi crut pouvoir faire ceffer ces difputes par une décifion du Pape en 1665. par laquelle il condamnoit cinq propofitions qui contenoient le précis de la doctrine de Janfénius, & on dreffa un formulaire pour le faire figner à tous les Prêtres, & particuliérement à tous les Bénéficiers ; mais les difputes ne ceffèrent point, elles devinrent même très dangereufes pour la tranquillité de l'Etat, parce qu'on pouvoit les

regar-

regarder comme les premiéres étincelles d'une guerre civile.

Les hommes aiment les partis, foit comme une occafion de fe diftinguer, foit pour avoir le plaifir de fe venger de ceux dont ils font méprifés. Les femmes s'en mèlent volontiers par les mêmes motifs, & chacun, par zéle pour fon parti, fe plait à offenfer en différentes maniéres le parti oppofé. Chaque parti appelle & croit fon opinion, *la vérité*. Chaque parti croit que c'eft une œuvre *de charité* de perfécuter le parti oppofé, de l'abattre, de l'anéantir.

Il eft donc de la derniére importance pour l'Etat, de calmer, d'affoupir, & d'éteindre entiérement ces querelles de Religion dans leur naiffance. Il faut, à cet effet, punir ceux qui auront défobéi à l'ordonnance du filence, en écrivant ou en prèchant ; mais il faudroit pour cela un bureau de tranquillité, compofé de Confeillers qui veillaffent à impofer les punitions aux Ecrivains & aux Prédicateurs coupables d'hoftilité, c'eft-à-dire, de controverfe. *On fe trompe lourdement quand on croit appaifer les difputes des Théologiens par des décifions ; on ne fait qu'aigrir les efprits de ceux qui font*

con-

condamnés, & autoriser l'esprit de persécution qui fait naitre les revoltes.

Le seul parti est le silence des deux partis ; la non controverse, la tranquillité, la patience ; car les partis cessent de combattre, dès qu'on ne parle plus du sujet de la querelle, & en trente ou quarante ans tout est enseveli dans l'oubli, parce que les jeunes gens ne prennent plus parti dans une querelle dont il n'est plus question dans le Monde. *Les décisions ne font que des persécuteurs, des persécutés, des hérétiques & des rebelles ;* au lieu qu'avec le reméde du simple silence on conserve l'union, la paix, la charité, l'autorité, l'obéissance, & sur-tout la tranquillité.

Il n'y a jamais rien à craindre pour la vérité, le tems la découvre à tout le monde si c'est vérité, & le tems l'ensevelit pour toujours si c'est erreur.

D'ailleurs, on se passe bien, pour faire son salut, de certaines vérités pendant des siécles entiers, puis qu'avant les disputes on s'en étoit bien passé pour se sauver ; au lieu que l'on ne peut jamais se passer de la charité, de la justice & de la bienfaisance dans la Religion, ni de la concorde dans la societé.

Quand

Quand par le parti du filence la vérité demeureroit opprimée, ce ne feroit que pour quelque tems ; quand elle feroit, pour ainfi dire,
plongée dans l'obfcurité, il eft fûr qu'elle en
fortiroit un jour triomphante de l'erreur : elle ne peut jamais être anéantie : elle furnage
& revient toujours fur l'eau, & par fa nature
elle luit, & fe fait connoître avec le tems comme la lumiére.

Il y a même une obfervation confidérable
pour le parti du filence contre le parti de la décifion ; c'eft que l'erreur eft toujours excufable,
parce qu'elle n'eft jamais volontaire ; au lieu que
le défaut d'obéiffance à la décifion légitime, rend
criminel & condamnable quiconque défobéit. Or
n'eft-il pas d'un bon Prince de préferer le parti
qui ne fait que des malheureux très excufables,
au parti qui fait des criminels condamnables
devant Dieu & devant les hommes ?

Je fai bien que les gens de parti, qui haïffent le parti oppofé, & qui le haïffent, à ce
qu'ils croyent, par un efprit de charité, con-
feillent la décifion & non pas le filence ; d'un
côté pour avoir l'honneur de la victoire, &
de l'autre pour avoir le plaifir de fe venger impunément, par la perfécution de ceux qui ont

L 4

ofé

ofé leur réfifter , & attaquer leurs opinions.

Mais plus ils infiftent pour la décifion, plus les fages Magiftrats doivent infifter pour obferver le parti du filence. Le plus grand nombre des Magiftrats Hollandois, fut imprudemment pour l'intolérance , & pour faire une décifion fur les difputes de la grace en 1618. & leur avis paffa , malgré l'avis du plus petit nombre , qui opinoient fagement au parti du filence. Il fe tint un Synode à Dordrecht. Les Gomariftes triomphérent des Arminiens ; mais ils ne les perfuadérent pas , ni eux , ni leurs fucceffeurs , & peu s'en fallut que la République ne tombât dans la guerre civile pour la querelle de Gomarus & d'Arminius deux fimples Curés ; parce que les Etats , au lieu du parti du filence, prirent mal-habilement le parti de la décifion. Or le Confeil du feu Roi Louis XIV. fuivit imprudemment en 1665. le mauvais exemple des Hollandois de 1618.

Tandis que l'on prenoit le mauvais parti de la décifion fur la Religion , Colbert prenoit des mefures fages fur le commerce des glaces de miroir. Il avoit fagement remarqué , qu'une partie de nôtre argent paffoit à Venife pour les glaces , & pour les points ou dentelles ;

qu'il

qu'il en paſſoit en Angleterre pour les beaux draps, & pour la belle teinture en rouge; qu'il en paſſoit en Flandre pour les tapiſſeries; & qu'au lieu de payer à bon marché le travail des François en les occupant à des manufactures, nous payions bien cher le travail des étrangers, qui étoient ſouvent nos ennemis.

Ces remarques le déterminérent à établir en France des manufactures de glaces, de point de France, de draps fins, & des teintures parfaites. Il fit venir d'excellens ouvriers des pays étrangers, & l'on commença cette année 1665. l'exécution de ces projets. On établit un fourneau pour faire des glaces dans le bois de Tour-la-ville auprès de Cherbourg, à trois lieues de Saint-Pierre-Egliſe, lieu de ma naiſſance, dans la Normandie Occidentale; & cette manufacture s'eſt depuis fort perfectionnée à St. Gobin en Picardie par l'invention des glaces coulées.

Colbert établit auſſi au Fauxbourg St. Marcel de Paris ſur la riviére des Gobelins, la manufacture des tapiſſeries, & celle des teintures de laine; & dans la ruë St. Denis, on établit les manufactures des points de France: on établit en même tems en différens endroits du Royaume, comme à Elbeuf, des manufactures

de

de draps très fins. Ainſi, nôtre argent nous reſta, & ce qui étoit plus important, beaucoup d'ouvriers inutiles furent employés, & pluſieurs furent employés plus utilement du double qu'ils n'étoient.

Les Charges de Judicature commencérent à ſe vendre ſous Louis XII. il y a plus de deux-cent ans; mais quand un Officier mouroit ſans avoir vendu, le Roi vendoit la Charge du mort. Un nommé Paulet, ſous le régne de Henri le Grand, propoſa de laiſſer la liberté de payer tous les ans au Roi, une ſomme ou droit annuel, moyennant quoi les Offices ſeroient héréditaires; cela fut agréé & du Roi & des Officiers de juſtice.

Comme Paulet l'inventeur fut le premier fermier de ce droit annuel, on appella ce droit, la taxe de Paulet, & par corruption la Paulette. Le Roi par une déclaration, confirma cette année ce droit, & fixa le prix des charges qui étoient montées à des prix exceſſifs : mais les riches Financiers qui vouloient en acheter pour leurs enfants, & qui ſous-main donnoient des ſuplémens aux vendeurs, rendirent ces fixations inutiles; & comme à Rouen les familles marchandes s'emparent tous les jours des

Char-

Charges du Parlement de Normandie, au grand préjudice du commerce, les familles financiéres s'emparent tous les jours des Charges du Parlement de Paris, de ce Parlement des Pairs, qui par ce moyen a déja perdu beaucoup de son autorité.

Par cette vénalité, le Financier riche, pareffeux, voluptueux, fans vertu & fans talens, à la honte de nôtre gouvernement, eft préféré au Gentilhomme intelligent, laborieux, inftruit & vertueux, lorfqu'il n'a pas affez d'argent pour acheter : Encore fi pour exciter l'émulation des jeunes gens au travail, le Roi avoit fongé à faire dans la Robe, ce qu'il a fait depuis dans les emplois de guerre, de faire porter au Tréfor Royal le prix de la fixation, afin de pouvoir choifir le meilleur par fcrutin entre divers fujets : mais jufqu'ici le Miniftère de la guerre a été toûjours mieux gouverné que celui de la Robe.

Au commencement de 1665. on commença à voir paroître le Journal des Savans de France, qui a été le modéle fur lequel on en a fait depuis en divers endroits de l'Europe. Il contient les nouvelles qui regardent les ouvrages nouveaux des favans; & par des extraits

de

de leurs livres , ce Journal doit en faire connoître ce qu'il y a de nouveau & de plus important au bonheur de la focieté. On pourroit
le rendre meilleur, fi l'Etat avec des penfions
y vouloit employer de meilleurs ouvriers, en
plus grand nombre, & fur une forme plus utile
& plus agréable.

Sur la fin de cette année, mourut le Roi
d'Efpagne Philippe IV. âgé de foixante ans. Il
n'avoit pas dans fa jeuneffe ménagé fa fanté ;
& il mourut plûtôt par la caducité qu'amé-
nent les plaifirs immodérés, que par celle qu'a-
méne la grande vieilleffe. Il étoit doux, patient, peu entreprenant, trouvant tout difficile,
peu laborieux, & ayant befoin d'un Miniftre
général. Auffi en eut - il toujours, comme
Louis XIII. en avoit eu.

A N N E'E 1666.

La Reine Anne d'Autriche mére du Roi,
mourut en 1666. Elle avoit été déclarée Régente à la mort de fon mari en 1643. Elle
continua de gouverner après la majorité du
Roi arrivée en Septembre 1651. parce que
la majorité qui fe donne à nos Rois à treize
ans & un jour depuis l'ordonnance de Charles

Cin-

Cinquiéme, il y a plus de trois-cent ans,
n'eſt qu'une pure cérémonie ; & effectivement,
un enfant de treize ans & un jour n'eſt qu'un
enfant qui ne peut avoir que la connoiſſance
& la fermeté d'un enfant ; ainſi elle ne ceſſa
proprement de gouverner, qu'à la mort du
Cardinal Mazarin ſon favori & ſon Miniſtre
général, arrivée en 1661. De ſorte que l'on
peut dire que ſon gouvernement dura près
de dix-huit ans.

Sa régence fut preſque toujours agitée de fac-
tions & même de guerres civiles, parce que
Mazarin ſon Miniſtre général ne ſçut pas comme Richelieu ſe faire aſſez craindre des eſprits
ſéditieux ; il étoit plus fin qu'habile, facile à
allarmer : Ainſi, dans les tems de trouble, loin
d'encourager la Reine, il étoit le premier à
l'intimider.

Elle prit cependant malgré lui deux ou trois
réſolutions hardies ; mais la timidité naturelle
de l'Italien reprenant le deſſus, la Cour en revenoit à chercher à tromper par les négociations, au lieu de ſe ſoutenir par de nouvelles
actions de vigueur.

La Reine avoit naturellement beaucoup de
courage, & ſur-tout de la conſtance dans ſes
ſen-

fentiments ; c'eft opiniâtreté quand on fuit l'erreur & le mauvais parti ; mais c'eft fermeté quand on fuit la vérité & le meilleur parti : La conftance eft, à mon avis, la principale qualité pour acquérir de l'autorité ; il faut vouloir ce que l'on veut avec courage, & même avec un peu de colère quand on trouve de la réfiftance : mais furtout, il faut pour être obéi, vouloir longtems la même chofe avec conftance.

Rien ne diminue tant le crédit, & par conféquent l'autorité, que l'inconftance. On peut dire même qu'à tout pefer, les mauvais partis que prend celui qui gouverne faute de lumiéres, font en moindre nombre & plus faciles à réparer, que les mauvais partis qu'il prend faute de fermeté, ou, fi l'on veut, faute d'opiniatreté.

Je fuis perfuadé, que fi par bonheur la Reine eût rencontré un Miniftre courageux, elle auroit eu une beaucoup plus grande autorité, & une Régence fort tranquille. Ainfi elle n'eût pas acquis moins de gloire dans le gouvernement des François, que la Reine Elizabeth en avoit acquis foixante ans auparavant dans le gouvernement des Anglois.

Ces caractères timides n'acquiérent jamais
une

une autorité abfolue: Ils n'ont jamais qu'une demi-autorité, parce qu'on peut facilement les intimider, les ébranler, & les faire changer. Ils perdent ainfi de leur crédit, & font forcés de chercher avec beaucoup de peine, par des fineffes, ce qu'ils obtiendroient au quadruple & facilement, par la voye d'autorité & de hardieffe.

Je dirai même, que les lumiéres, ou naturelles ou acquifes, quelque grandes qu'elles foient, ne donnent point de conftance, parce que, lors que l'on eft facile à intimider, on agit très fouvent par l'impreffion de la peur malgré fes propres lumiéres.

Avec ces fortes de caractères, les Miniftres qui ont le fecret de donner beaucoup de défiances de tous ceux qui environnent le Prince, d'infpirer beaucoup de crainte & de fe faire valoir en diffipant quelquefois les craintes, prennent bientôt le deffus fur ceux qui n'ont pas l'art d'infpirer de la crainte.

Anne d'Autriche voulut toujours conftamment, & regarda comme le chef-d'œuvre de fa Régence, le mariage de fon fils avec fa niéce. Elle y parvint, & c'eft à cette conftance de caractère qu'eft dû le régne d'une branche de

la

la Maison de France, sur la Monarchie d'Espagne.

Elle eût bien désiré que son fils n'eût jamais eu de guerre avec l'Espagne, & le Roi par déférence pour ses sentimens, ne songea point, tant qu'elle vécut, à faire revivre les droits de la Reine sa femme auxquels il avoit solemnellement renoncé, & qui étoient éteints par cette renonciation solemnelle: mais à l'inspiration du Ministre de la guerre, qui vouloit augmenter son crédit, il résolut, dès qu'elle fut morte, de prendre des mesures pour conquérir la Flandre sur l'Espagne.

Funeste résolution, qui a entraîné son Etat riche & florissant dans des dettes immenses, dont il ne se relévera jamais, s'il ne se trouve parmi nos Rois un Salomon, qui par une longue & solide paix, par beaucoup de prudence, par une grande œconomie & par un long Régne, ne trouve le moyen de rembourser les dettes de l'Etat, & d'augmenter son revenu par l'augmentation du commerce maritime & du revenu de ses sujets.

Les Hollandois furent assez imprudens pour disputer l'honneur du pavillon aux Anglois, & pour ne pas accommoder à l'amiable quelques

affai-

affaires d'intérèt de peu d'importance d'entre les sujets des deux nations à l'occasion de leur commerce; ce fut une grande faute de politique pour ceux qui gouvernoient la République, de mal mesurer leurs forces : Aussi perdirent-ils leurs prétentions, & perdirent-ils encore par-dessus, la dépense de la guerre, qui monta à plus de quinze-cent-mille marcs d'argent, ou soixante-quinze millions, sans compter la perte des hommes qu'ils auroient pû éviter en prenant le Roi pour arbitre, ou les Souverains qu'ils auroient nommés.

Le Pensionnaire Jean de Witt principal Ministre des Hollandois, homme d'une grande fermeté, fut fort blâmé de n'avoir pas porté ses Maîtres plûtôt à l'accommodement qu'à la guerre. Ce fut une grande faute d'un grand homme, qui après être entré facilement comme bon citoyen dans le ressentiment de sa Nation contre le procédé des Anglois, ne fit pas assez d'attention, que *dans les affaires d'Etat il faut compter les ressentimens pour rien, & les vrais intérêts pour tout* ; c'est que les ressentimens sont des maux qui s'évanouissent en peu de tems, au lieu que les dépenses sont des maux qui se font sentir longtems.

Ann. Polit. I. part.   M   C

Ce qui met l'imprudence du Penfionnaire en évidence, c'eft que quand dans les deux années de guerre, la Hollande auroit par fes victoires & par un traité fubféquent, emporté toutes fes prétentions, elle n'auroit rien gagné qui valût la dixiéme partie des hommes qu'elle perdit & de l'argent qu'elle dépenfa, & que les traités de paix entre Souverains font fouvent encor moins durables que des traités de trèves.

La raifon, c'eft que celui qui céde à celui qui a la fupériorité de force, ne croit pas céder rien à la juftice, mais céder tout à la fupériorité de force qui eft journaliére, & qui paffe tantôt d'un côté, tantôt de l'autre, felon les viciffitudes des chofes humaines, qui dépendent d'une infinité de caufes, que la plus profonde prudence ne fauroit prévoir.

On pourroit excufer de Witt, en difant, que la Hollande comptoit fur le fecours de France qui lui manqua; mais dans une affaire fi importante, peut-on compter fur le fecours d'un allié qui n'a pas le même intérêt à la guerre que l'offenfé, & qui fouvent en a fecrétement un tout contraire? Cet intérêt fecret du Roi de France étoit, que dans le deffein de faire quel-
quer

ques conquêtes en Flandres, il avoit befoin que l'Angleterre demeurât neutre; & c'eft ce malheureux deffein, qui éclata l'année fuivante, après s'être affuré de la neutralité des Anglois, fi tant eft qu'on put jamais en être fûr.

Colbert commença cette année l'établiffement de l'Académie des Sciences. Cet établiffement fut perfectionné vingt-trois ans après, c'eft-à-dire, en 1699. Mais il y auroit encore plufieurs moyens de le rendre beaucoup plus utile à la Nation, en dirigeant par des récompenfes l'efprit des Savans, beaucoup moins vers la fpéculation & vers la curiofité, & beaucoup plus vers la perfection des arts & vers la plus grande utilité. Pourquoi ne pourroit-on pas, par exemple, partager en fix claffes les arts les plus importans à l'Etat, & mettre à la tête de chaque claffe trois Académiciens deftinés à cultiver particuliérement les arts de leur claffe, avec des récompenfes promifes à ceux qui y feroient des découvertes utiles, à proportion de leur utilité, fuivant le jugement du Confeil? récompenfes qui feroient, en rente de vingt ans, la deux-centiéme partie de cette utilité annuelle. J'en ai parlé amplement ailleurs.

M 2

AN-

A N N E' E 1667.

Cette année, le Roi fut fort occupé. Le Miniftre de la guerre lui fit croire, qu'il étoit
beau de fe faire juftice à lui-même, & de prendre fur l'Efpagne plufieurs villes de Flandre,
comme s'il pouvoit être glorieux de violer fes
propres promeffes.

Ses Panégyriftes ne vantoient que fes forces,
fans fonger que la fupériorité de forces n'eft
loüable que par l'ufage que l'on en fait avec
juftice, foit pour le bonheur de fes fujets, foit
pour le bonheur de fes voifins & des autres
nations. Or fes fujets par leurs fubfides ache-
toient des conquêtes dix fois plus qu'elles ne valoient. Il ruinoit fes voifins, & les difpofoit tous
par fes hoftilités à fe liguer un jour contre lui,
comme contre l'ennemi commun de l'Europe.

Le Miniftre de la guerre lui perfuadoit, que
fes voifins en le voyant s'agrandir & devenir
formidable par la prife de plufieurs villes, demeureroient, comme on dit, les bras croifés,
& qu'ils ne fongeroient point à arrêter le cours
de fes conquêtes.

Cependant de grandes conquêtes devoient
allarmer fes voifins, & les porter à les lui
faire

faire reſtituer ; & de petites conquêtes ne valoient certainement pas la peine de troubler le
repos de l'Europe, & de ſe faire haïr de ſes
propres peuples, auxquels il faiſoit payer des
taxes qui ne leur apportoient aucun profit.

Mais il avoit vingt-neuf ans, & à cet âge
un eſprit qui n'a point eu de bonne éducation,
qui n'a rien lû, qui n'a pû former ſon Conſeil que de flateurs ambitieux, qui n'eſt environné que de jeunes gens qui lui veulent plaire par toute ſorte de louanges & de flateries, ne
voit jamais guéres loin, & ne voit guéres
bien, la vraye valeur des entrepriſes qu'il ſe
propoſe, & combien il faut rabattre de ce qu'elles ont d'éclatant pour les yeux du vulgaire;
ſurtout, ſi ce jeune homme a pour Miniſtre un
homme ambitieux, qui aime plus ſa fortune
que ſa Nation, & qui ne ſe ſoucie que d'agrandir ſon autorité aux dépens de ſa patrie, & au
préjudice de la réputation de juſtice de ſon Maître, qu'il engageoit dans une entrepriſe très injuſte, & qui eſt par conſéquent dans le fonds
très déshonorante.

Charleroi, Ath, Binch, Menin, Comines,
Deinſe, Tielt, Tournay, Bergues, Furnes,
Armentiéres, Courtray, Douai, Oudenarde,

Aloſt,

Aloſt , Lille , ſont les villes que prit le Roi dans cette malheureuſe campagne : je dis malheureuſe pour le Roi, parce qu'il commença malheureuſement à prendre goût aux ſuccès d'une guerre injuſte. Ce fut un appas malheureux, tel qu'en éprouvent les jeunes joüeurs, qui ſont aſſez malheureux pour gagner d'abord, & qui, en ſe livrant dans la ſuite à la paſſion & à l'habitude du jeu, ſe ruïnent eux & leur famille.

Le Roi, jeune, n'entendoit pas ſes ſujets qui diſoient entr'eux : *N'eſt-il pas aſſez riche ? n'a-t-il pas aſſez de villes ? faut-il qu'il en acquière de nouvelles à nos dépens ? Eſt-ce donc s'enrichir que de nous apauvrir, & d'interrompre nòtre commerce qui nous fait ſubſiſter ? En aura-t-il un carroſſe de plus, un habit de plus, une meilleure table, & ſurtout une bénédiction de plus de la part de ſes peuples ?*

Il n'entendoit pas ſes voiſins qui commençoient à dire ; *Voici un voiſin dangereux, qui nous coûtera un jour bien des ſoins, bien des plaintes, bien des inquiétudes, & bien des miſères ; malheur aux voiſins d'un tel Prince, qui mépriſe la bonne foi des traités, & qui ſe moque de la manière ſimple & naturelle de les entendre, pour les interpréter ſelon ſes intérêts apparens ; ils ne ſeront jamais*

jamais en fûreté avec lui avec de pareilles interpré-
tations, & avec de pareils intérêts apparens! Car
fon véritable intérêt feroit de donner lui feul
une paix & une tranquillité inaltérables à l'Europe, en forçant le plus fort à accepter des arbitres.

Il n'avoit garde d'entendre rien de tout cela,
au milieu de jeunes étourdis, qui étoient eux-
mêmes intéreſſés à l'embarquer dans différentes
entrepriſes, brillantes à la vérité, mais fans aucune folidité, parce qu'elles n'avoient pour baſe, ni la juſtice ni la bienfaifance.

Tandis que Louvois ne donnoit au Roi que
de fauſſes idées fur la gloire qui peut venir de
la fupériorité de force, tandis qu'il ne lui par-
loit que de deſſeins de conquêtes, Colbert avec fon
attention pour le dedans de la France, fit achever
un travail qui fit depuis beaucoup d'honneur
au Roi & à fon Miniſtre : ce fut l'ordonnance
pour abréger le cours des procès. C'étoit un bel
ouvrage qui coûta beaucoup de peine à Colbert
& à ceux qu'il y employa, & qui effectivement
a été très utile au Royaume, par l'uniformité
que cette ordonnance y établit dans toutes les
Provinces pour la maniére de procéder.

Il eſt vrai qu'il y eſt reſté pluſieurs imper-
        fections,

fections, & qu'il en reſtera toujours dans de ſemblables travaux ; mais il ſera facile de remédier à celles que nous avons apperçûes, ſi nous formons un bureau perpétuel pour ces corrections, tel, ou à-peu-près ſemblable à celui que Colbert forma, pour commencer la reforme de la procedure.

Cette uniformité que le Roi établit alors par toutes les Provinces, dans les loix de la procédure, nous fait déſirer que le Roi ſon. ſucceſſeur établiſſe un ſemblable bureau, pour établir dans les mêmes Provinces pareille uniformité, par une même loi civile, que l'on pourra appeller *Droit François* pour tout l'Empire François ; comme Juſtinien avoit fait faire dans un pareil bureau, une ordonnance que l'on appella le *Droit Romain* pour tout l'Empire Romain.

Nous déſirerions que ce bureau fût perpétuel, pour perfectionner perpétuellement une pareille ordonnance, & que l'on donnât tous les dix ans au public cette ordonnance perfectionnée. C'eſt ſur cette matiére, que j'ai fait imprimer un ouvrage qui a pour titre : *Projet pour diminuer les ſources des procès.*

C'eſt par le défaut d'un pareil bureau perpétuel,

pétuel, que nos loix civiles font fi longtems fans recevoir aucune perfection, quoiqu'elles en ayent un fi grand befoin ; car on n'y a point touché depuis les reformations des Coûtumes, depuis 150. ans.

Il eft vrai que mes défirs ont commencé a être fuivis, & qu'il s'affemble un bureau chez M. le Chancelier pour cet ouvrage ; mais il n'embraffe guéres que les loix de la procédure, & faute de fonds pour payer de bons travailleurs, le travail n'eft guéres parfait, & avance peu.

Le Roi par les foins de Colbert, commença le bâtiment de l'Obfervatoire en faveur des Aftronomes qui obfervent le cours des Aftres & leurs éclipfes, afin de perfectionner la Géographie, tant fur mer que fur terre ; car c'eft la principale utilité de l'Aftronomie ; & à cette occafion, je dirai, que s'il doit y avoir à l'Académie trois obfervateurs pour les aftres, il devroit y avoir auffi au moins trois bons Géographes deffinateurs, pour faire & pour diriger toutes les Cartes de Géographie, en leur partageant l'Europe, & le refte des parties du Monde, puis que le plus utile doit être préféré au plus curieux moins utile.

I.e

Le Roi créa un nouveau grade entre Colonel & Maréchal de Camp ; c'est celui de Brigadier ; & il est à propos de remarquer, qu'il seroit bon d'en faire un entre Capitaine & Colonel, sous le titre de premier Capitaine, qui ne seroit pas toujours le plus ancien, & un entre Lieutenant - Général & Maréchal de France, sous le nom de Capitaine-Général.

Il en faudroit faire de même dans le Clergé, dans la Magistrature, & multiplier ainsi les degrés pour augmenter l'émulation, l'application, l'assiduïté des Officiers au travail : mais cela suppose l'établissement du scrutin perfectionné ; Car sans cet établissement nulle émulation, nul travail : on ne songe qu'à acquérir des patrons.

ANNÉE 1668.

Le Roi, qui avoit pris douze ou quinze villes en Flandre sur le Roi d'Espagne dans la campagne de l'année précédente, se proposoit d'y faire de nouvelles conquêtes ; mais cette rapidité d'un jeune Conquérant allarma tous les voisins ; ils craignirent qu'il n'en fît bientôt encore autant ; il leur devint tout d'un coup très formidable. Ainsi les Anglois,

les

les Hollandois & les Suédois firent une ligue
pour empêcher les progrès de la France en
Flandre. Cette ligue s'appella la triple Alliance, & les Alliés follicitérent fi puiffamment la
paix, que le Traité qui fut figné à Saint Germain fut ratifié à Aix la Chapelle au mois de
May 1668. entre la France & l'Efpagne. Le
Roi pour fes prétentions, & pour les fraix de
la guerre, garda ce qu'il venoit de conquérir,
& la triple Alliance fut garante de l'exécution
du traité. Sur quoi il eft à propos de remarquer, que ce fut une grande faute à ces Alliés de n'avoir pas fait un an plutôt leur alliance, lors qu'ils virent les premiers préparatifs du Roi de France pour rompre la paix
des Pyrenées, & pour rendre inutile la renonciation qu'il avoit faite aux droits de la Reine ; ils devoient pour leur propre fûreté offrir
du fecours à l'Efpagne, comme à la Puiffance
la plus foible, afin d'empêcher le plus fort
de s'agrandir aux dépens du plus foible, au
grand préjudice de la fûreté de tous les voifins
d'une Puiffance déja fi grande & fi ambitieufe,
qui, avec des prétextes auffi plaufibles, pouvoit rompre impunément fes derniers traités, &
devenir leur ennemie.

Il

Il eſt vrai qu'a la mort du Roi Philippe
IV. la Reine de France ſa fille pouvoit avoir
des prétentions ſur une partie de la Flandre,
ſi on la regardoit comme ſimple particuliére,
ſuivant les coutumes de quelques Provinces des
Pays-bas, qui réglent les ſucceſſions entre Citoyens; mais les coutumes ne peuvent donner
aucun droit, ſur-tout lorſque par les traités
faits entre Souverains, il y a dérogation ex-
preſſe aux loix coutumiéres; car les traités ſeuls
forment entr'eux leurs droits reſpectifs; & quoiqu'il n'y ait pas des garans de l'obſervation
mutuelle de ces traités, les loix que les Souverains ſe font faites ne laiſſent pas d'être
loix; elles ne laiſſent pas de fonder leurs
droits; & les voiſins juſtes pour leur propre
ſûreté devroient toujours ſe regarder comme garans naturels en leur propre & privé nom
de l'exécution des traités de leurs voiſins, &
comme les Médiateurs de leurs différens, intéreſſés à empècher la guerre & toutes hoſtilités.

Il y avoit donc une loi de renonciation ex-
preſſe de la part de la Reine de France &
du Roi ſon mari; & c'étoit aller contre la
bonne foi avec laquelle on contracte & avec
la-

laquelle on doit toujours interpréter les promeſſes & les autres clauſes des traités, ou les articles de ces loix de convention, que de dire
que pour la plus grande utilité des Etats Souverains d'Europe une fille ne puiſſe pas pour
ſa dot renoncer à ſes droits, & particuliérement lorſqu'elle ſe trouve très avantageuſement
mariée.

Pour ſentir l'injuſtice des prétendus droits
de la Reine, le jeune Roi de France n'avoit
quà ſe ſuppoſer pour un moment Roi d'Eſpagne, & il auroit vu dans le moment qu'u-
ne pareille prétention devoit paroître évidemment injuſte, à des Juges déſintéreſſés. Qu'auroit-il dit en pareil cas, ſi un Souverain plus
puiſſant que lui, eût ainſi manqué formelle-
ment à ſa promeſſe & à ſes ſerments ?

Le Roi, qui de Saint Germain en Laye
alloit quelquefois, comme le Roi Louis XIII.
à la chaſſe du côté de Verſailles, ſe mit en
tête d'agrandir le petit Château que le Roi
ſon pére y avoit fait bâtir pour y faire des
petits repas de chaſſe ; ainſi peu à peu il y fit
beaucoup trop de dépenſe, pour un lieu, qui,
par comparaiſon à la ſituation de Saint Germain, & à d'autres ſituations heureuſes, étoit

très

très inférieur, foit pour l'air, foit pour la vûë ; car s'il avoit mis à bâtir à Saint Germain à la place du Château neuf, le quart de quarante millions qu'il dépenfa depuis à Verfailles, il auroit été fort loüé, au lieu qu'il fut fort blâmé de lever fur fon peuple une fi grande fomme, pour embellir un lieu que la nature n'avoit pas à beaucoup près fi embelli que Saint Germain ; ce fut entre fes entreprifes une faute très confidérable faite contre le bon fens, & ce qui eft plus important, ce fut une grande injuftice contre fon peuple que cette grande dépenfe ; car pour en juger, il n'avoit qu'à fe mettre pour un moment à la place de fes fujets, auroit-il trouvé jufte que le Roi fit une fi grande dépenfe & auffi inutile à leurs dépens ? Mais on ne l'avoit pas, dans fon éducation, accoutumé à difcerner le jufte de l'injufte en confultant la régle fimple : Voudriez-vous que l'on fit contre vous, ce que vous faites contre les autres ?

Colbert eut le bon efprit de faire reparer Paris d'un pavé plus grand, plus dur, & beaucoup plus commode que l'ancien, & de paver quantité de ruës qui n'étoient point pavées ; & en augmentant de plus de moitié le Guet à

pié

pié & le Guet à cheval, il purgea la ville de quantité de filoux & de voleurs, qui empê-choient que l'on ne pût fortir dans les ruës fans efcorte dès que la nuit commençoit. Quel-ques années après, il y établit des lanternes & des tombereaux pour porter les bouës au-delà des fauxbourgs. Ces nouvelles commodités ont beaucoup aidé à l'agrandiffement de la Ca-pitale; & j'ai prouvé ailleurs, que fuivant les loix de la bonne politique on ne fauroit trop agrandir, & trop laiffer peupler les Capitales des Etats, pourvu que l'on augmente à pro-portion la police, l'ordre, les places publiques, le nombre des Juges & le nombre des Archers.

On établit des Chambres pour purger les Provinces des faux Nobles; mais on vendit bientôt après la Nobleffe à trop bon marché. Les lettres de nobleffe ne coutoient qu'envi-ron deux-cent cinquante marcs d'argent.

Il me femble qu'il devroit y avoir deux for-tes de degrés de Nobleffe; la premiére claffe appellée ancienne de deux-cent-cinquante ans de poffeffion & au-deffus, c'eft fept ou huit générations: & la feconde claffe au-deffous de deux-cent-cinquante ans de poffeffion, avec une marque d'honneur différente de la premié-

re,

re, à moins que quelque defcendant n'eût fait quelqu'ouvrage important & excellent, ou rempli quelque emploi confidérable pour l'utilité de la patrie, en faveur duquel le Roi donneroit des lettres honorables pour entrer dans la premiére claffe, dans laquelle le Roi feroit des Ducs & des Comtes non héréditaires, mais purement perfonnels.

ANNE'E 1669.

Les Hollandois, plus intéreffés qu'aucune autre Nation à conferver à l'Efpagne les villes de Flandre, comme une barriére qui les mettoit à couvert de la puiffance de la France, avoient auffi travaillé avec plus de vivacité à former la triple Alliance contre l'agrandiffement de cette Monarchie, qui ne pouvoit fe fortifier de leur côté, fans diminuer leur propre fûreté; ils avoient effectivement arrêté tout d'un coup par leur triple Alliance le torrent qui les menaçoit, & ils profitérent habilement du mécontentement où les Suédois étoient, de ce que la France avoit imprudemment ceffé de leur payer les douze-cent-mille livres par an de fubfides portés par les traités précédents.

Les

Les Hollandois faifirent l'occafion & promirent aux Suédois de leur payer ces quatre cent mille onces d'argent, & les payérent même d'avance.

Le Roi étoit donc demeuré très irrité contr'eux, & Louvois fon Miniftre ne ceffoit de l'aigrir, repréfentant fouvent que fans les fecours que la France leur a donnés en différens tems, ils n'auroient jamais pu fe foutenir contre l'Efpagne, & cela étoit vrai ; mais il ne lui difoit pas qu'il étoit alors de l'intérèt de la France de les fecourir ; il n'avoit garde de lui dire non plus une autre vérité, qui eft, que le même intérèt de leur confervation, qui les avoit obligé autrefois à avoir recours à la France contre l'Efpagne trop puiffante, les obligeoit préfentement à foutenir l'Efpagne elle-même devenue trop foible contre la France trop puiffante ; ils n'avoient donc dans le fond aucun tort avec la France, fi ce n'eft pas un tort, & fi c'eft une prudence louable de pourvoir à fa propre confervation ; mais le Roi jeune & peu équitable à cet égard, demeuroit toujours irrité contr'eux, & cherchoit à s'en venger.

Ainfi Louvois lui perfuada facilement que s'il pouvoit détacher l'Angleterre de la triple

Alliance, il pourroit faire fentir fa vengeance aux Hollandois en épargnant les places d'Efpagne qui demeureroient neutres. Le but de ce Miniftre de la guerre étoit d'entretenir toujours le Roi dans des idées de conquètes ; ainfi il commença dès 1669. à fe préparer à faire la guerre aux Hollandois.

Le Roi, pour mieux couvrir fon jeu, fit un voyage en Flandres, fous prétexte qu'il vouloit aller vifiter fes conquètes. Il engagea Madame fa belle-fœur & fœur du Roi d'Angleterre, à paffer la mer pour négocier un traité fecret avec le Roi fon frére, afin d'abaiffer la fierté des Hollandois, que leurs richeffes avoient rendus, difoit-on, un peu infolens, & dont le commerce floriffant faifoit préjudice au commerce des Anglois.

Ainfi Madame étant avec le refte de la Cour à Calais, demanda permiffion au Roi de faire le trajet de fept lieuës pour aller voir le Roi fon frére à Douvres, qui paroiffoit s'y rencontrer comme par hazard ; elle y alla, elle y porta de l'or, mena de jolies filles, & avec fon or, & avec la belle Mademoifelle de Keroüart, elle obtint du Roi fon frére le traité qu'elle avoit négocié fecrettement avec lui,

qui

qui conſiſtoit dans la promeſſe que faiſoit le Roi d'Angleterre, de laiſſer mortifier & punir les Hollandois de leur prétendue ingratitude, ſans leur donner aucun ſecours contre la France.

Madame mourut l'année d'après. Mademoiſelle de Kerouart repaſſa en Angleterre ; elle devint bientôt mére du Duc de Richemont, & fut toujours fort liée avec Barillon Ambaſſadeur de France, qui dans les années ſuivantes lui fourniſſoit de l'argent de France, à meſure qu'elle obtenoit l'inaction du Roi d'Angleterre.

S'il eût fallu agir & fournir des troupes & des vaiſſeaux, le Roi d'Angleterre n'en eût pas été le maître ſans ſon Parlement qui ordonne les ſubſides ; mais pour l'inaction, qui ne demande aucun ſubſide, il en étoit preſque entiérement le maître, & il ſe prêtoit d'autant plus volontiers à cette inaction qu'il étoit lui-même pareſſeux ; & que pour ne rien faire il recevoit de l'argent de la France par Mademoiſelle de Kerouart, depuis Ducheſſe de Portſmouth.

Durant ces négociations tendantes à cette guerre que Louvois vouloit allumer, Colbert ſongeoit à bonifier l'intérieur de l'Etat ; & comme

me

me il vit que les bois à bâtir, & les bois de marine commençoient à devenir rares, il fit publier l'Ordonnance des Eaux & Forêts, qui défendoit d'abattre des bois de futaie fans permiſſion du Roi; & la Cour ſe rendant particuliérement difficile ſur les bois des Eccléſiaſtiques, elle ordonna que le quart de leurs bois taillis ſeroit laiſſé en reſerve pour croitre en futaie.

Il y a d'excellentes choſes dans cette Ordonnance, mais il s'en faut bien que ceux qui y ont travaillé ayent tout prévu ; & ce fut une faute au Miniſtre de n'avoir pas laiſſé à un bureau perpétuel le ſoin de perfectionner de tems en tems cette Ordonnance ; il avoit fait la même faute ſur l'Ordonnance civile de 1667. en ne laiſſant pas à un bureau le ſoin de revoir les mémoires pour y ajouter & y retrancher dix ans après, lorſque l'expérience journaliére en auroit montré les défauts ; or un même bureau auroit ſuffi.

Une autre faute, ce fut de laiſſer pour les Eaux & Forêts une juriſdiction ſéparée, au lieu d'unir cette Juriſdiction à la Juriſdiction Royale. Ces petites Juriſdictions ſéparées produiſent beaucoup plus d'injuſtices, parce que
l'in-

l'intérêt particulier y domine beaucoup davantage que l'intérêt public, & parce que dans les grandes Compagnies il eſt bien plus honteux d'être noté comme corruptible, comme injuſte, comme n'ayant pour objet que ſon intérêt particulier, que dans une petite Compagnie, où pour l'ordinaire les membres en viennent à s'accorder tous en un point, qui eſt de ſe paſſer mutuellement pluſieurs petites injuſtices lucratives ſans en murmurer. D'ailleurs cela multiplie les procès de compétence, & cauſe par conséquent du préjudice pour les parties.

Cette année, arriva la priſe de Candie par les Turcs ſur les Vénitiens, dont les forces n'ont fait depuis ce tems-là qu'aller en diminuant. La première faute qu'ils firent, ce fut de ne pas faire tous leurs efforts pour ſe faire comprendre par l'Empereur dans la trêve de vingt ans faite en 1664. après la bataille de Saint Godart ; car enfin quand il leur en auroit coûté trois millions, payables en trois ans à l'Empereur, ils y auroient gagné le triple, & auroient conſervé Candie & leurs autres Iſles de l'Archipel ; & l'Empereur y auroit encore gagné de ne point laiſſer aguerrir & agrandir les Turcs ſes ennemis naturels.

Ces

Ces deux Puiſſances firent encore une faute conſidérable de ne pas négocier une alliance mutuelle défenſive avec les autres voiſins des Turcs, avec la Pologne, avec la Moſcovie, & même avec le Roi de Perſe, ou bien pour faire la guerre offenſive tous enſemble, après la trève de vingt ans finie, & pour être garants mutuels des conquêtes qu'ils feroient durant la guerre ; mais après tout, qu'eſt-ce que des conquêtes reſpectives des Souverains que des promeſſes d'enfans, qui coutent beaucoup à obtenir & qui s'en iront toujours en fumée tant qu'ils ne formeront point en Europe la Diéte Européane ?

Année 1670.

Les Hollandois apperçurent aiſément que le Roi d'Angleterre n'étoit pas un Allié fort ſûr pour eux contre la France. Ainſi ils firent prudemment une nouvelle alliance défenſive avec l'Eſpagne & l'Empereur ; ils renouvellérent même la triple Alliance à la Haye avec l'Angleterre & la Suéde ; mais ils craignoient toujours d'être inſultés par la France ſous un Miniſtre qui ne pouvoit avoir longtems un grand crédit que par de longues guerres avec nos voiſins.

Les Algériens craignant nos forces maritimes,

mes firent une paix, ou plutôt une trêve avec nous, dans le deſſein de rompre bientôt avec les Anglois ou avec les Hollandois, afin de pouvoir entretenir la piraterie qui leur apporteroit de l'argent; & ils en uſeront toujours ainſi, auſſi-bien que les Tuniſiens, les Tripolins & les Saletins, tant que les Puiſſances de l'Europe ne contribueront point, à proportion de leur commerce du Levant, à augmenter les forces navales des Chevaliers de Malthe pour détruire ces Corſaires Mahométans.

Nos loix & nos coutumes ſur la procédure criminelle n'étoient pas uniformes dans les différens Parlemens; il y manquoit même beaucoup de déciſions. Colbert forma un bureau pour les compiler, pour les uniformiſer, & pour les perfectionner, & il en réſulta le *Code* nommé *Criminel* qui a été très utile; mais faute au Miniſtre d'avoir rendu le bureau perpétuel, cette Ordonnance eſt beaucoup plus imparfaite qu'elle ne ſeroit, s'il étoit reſté un bureau propre à recevoir les bons mémoires qu'auroit fourni l'expérience depuis ſoixante-cinq ans.

Il nous manque même une Ordonnance complette, qui ramaſſe toutes les loix pénales &

cor-

corporelles, & qui augmente les peines de certains crimes; car, par exemple, on ne punit point affez en France le vol fimple fait par adreffe, par ces fcélérats qu'on appelle *filoux*; car faute de punition de mort, ces bandes de filoux deviennent des pépiniéres de voleurs & de meurtriers. Or fi tout vol dans fon origine de filoux étoit puni de mort, il y auroit les trois quarts moins de voleurs.

Si le vol eft peu de chofe, perfonne ne volera, & ne fe mettra en danger d'ètre pendu pour peu de chofe; or fi peu de perfonnes penfent à voler fubtilement, il fe formera beaucoup moins de filoux, & par conféquent beaucoup moins de voleurs.

Il y eut auffi cette année une déclaration en faveur des enfans trouvés de Paris, méthode que l'on a depuis peu fuivie à Londres. Nous devons ces Ordonnances aux travaux de Colbert, qui auroit beaucoup amélioré l'Etat fi Louvois avoit pû acquerir du crédit autrement que par la guerre, & cela fût arrivé s'il eût eu dans fon Miniftére encore les affaires étrangères, le commerce maritime, & les Colonies, & fi l'on eût donné à un troifiéme Miniftre toutes les affaires du dedans du Royaume, excepté les

finan-

finances & le commerce du dedans, que Colbert eût gouverné à merveille; mais malheureufement ce partage des Miniftéres dont on trouva le projet dans les papiers du Dauphin Duc de Bourgogne, n'étoit pas encore inventé.

ANNÉE 1671.

Les Hollandois avoient fait frapper une médaille en 1668. qui étoit un monument de leur vanité; c'étoit la figure de Pallas tenant un fceptre, & foulant aux piés la difcorde, avec ces mots, *mitis & fortis*, douce, patiente & courageufe, & au deffous ces mots : *procul hinc mala beftia regnis*, loin d'ici la bête dangereufe aux Gouvernemens; & au revers étoit le lion belgique, tenant entre fes grifes un canon, avec ces mots, *Sic fines noftros tutamur & undas*, c'eft ainfi que nous défendons nos frontiéres par terre & par mer; & au‑deffous étoit cette infcription : *Affertis legibus, emendatis facris, adjunctis defenfis, conciliatis Regibus, vindicata marium libertate, pace egregiâ virtute armorum partâ, ftabilita orbis Europei quiete, numifma hoc Status fœderati Belgii cudi fecerunt. 1668.*

Les loix affermies, la Religion perfection‑
née,

née, les alliés protégés, les Rois pacifiés, la liberté des mers affurée, une paix glorieufe acquife par la fupériorité de la valeur & des armes, la tranquillité de l'Europe folidement établie, ont déterminé les Etats de Hollande à faire frapper cette médaille.

Cette médaille parut dans le tems de la paix d'Aix-la-Chapelle de 1668. Mais Louvois en reparla en 1671. Il faifoit remarquer au Roi que la République s'étoit peinte dans la figure de Pallas, & qu'elle fe faifoit honneur à elle feule de la fin de la guerre de 1667. quoique le Roi d'Angleterre, & le Roi de Suéde y euffent encore plus de part à caufe de la grande confidération que le Roi avoit pour ces deux Puiffances : qu'il étoit vrai que la Hollande s'étoit donné beaucoup plus de mouvement qu'aucune autre Puiffance pour former la triple Alliance contre les prétentions du Roi, mais que de ce côté ils avoient marqué plus d'ingratitude envers la France & méritoient davantage d'en être punis.

On parla dans ce tems là d'une autre médaille, que les Hollandois défavoüent d'autant plus fortement, qu'elle étoit plus infolente & plus piquante pour le Roi. Elle repréfentoit,

dit-

dit-on, la tête d'un homme, & dans l'exergue ces mots : *La paix signée à Aix-la-Chapelle en 1668.* & au revers, Josué qui commandoit au Soleil de s'arrêter, avec cette inscription de l'Ecriture, *Stetit itaque Sol;* ainsi le Soleil s'arrêta. Sur quoi Louvois faisoit observer au Roi, que ce portrait ressembloit à Van Beuningen qui s'appelloit *Josüé*, qu'il se vantoit d'avoir négocié la triple Alliance à la Haye contre le Roi, pour l'empêcher de faire de nouvelles conquêtes en Flandre, & qu'il avoit négocié à Saint Germain avec le Roi les articles de la paix qui furent signés quelques jours après à Aix-la-Chapelle ; & que les Hollandois informés que le Roi prenoit pour symbole dans ses dévises le corps du Soleil, ils avoient été bien aises de lui avoir insulté par cette médaille.

Le gazetier de Hollande de son côté, avoit, dit-on, écrit plusieurs fois des choses injurieuses au Roi & à la Nation Françoise.

Il paroissoit à Grotius Ambassadeur des Hollandois en France, que le Roi cherchoit à se venger d'eux; il en écrivit à ses maîtres, qui furent d'autant plus consternés de cet avis, qu'ils ne voyoient pas dans leurs Alliés, & surtout dans le Roi d'Angleterre, beaucoup de dif-

difpofition à les fecourir; ils étoient un peu brouillés avec les Anglois fur leur commerce, & en particulier à l'égard de Surinam, & pour le falut du pavillon Anglois à la mer. Ainfi ils offrirent par leur Ambaffadeur diverfes fatisfactions; mais le Roi, qui croyoit voir encor leur orgueil dans leurs complimens, ne changea point la réfolution qu'il avoit prife de les humilier, & travailla toute cette année à faire au dehors des négociations avec fes voifins, & à faire au dedans beaucoup de préparatifs de guerre de terre & de mer.

Le Confeil de la République dans cette conjoncture fit une grande faute, de ne pas faire une députation folemnelle de trois ou quatre Ambaffadeurs au Roi, pour défavouer hautement au nom de la Nation, tout ce qu'il pouvoit y avoir d'infultant dans les médailles, & pour demander pardon de la négligence qu'ils avoient eue de les permettre. Il falloit que ces Députés fiffent fur cela toutes les fatisfactions que le Roi demanderoit, & qu'ils fe retranchaffent à dire que la triple Alliance n'étoit que défenfive pour leur fûreté & pour leur confervation.

Une Ambaffade folemnelle de cette efpéce ne leur

leur eût pas coûté cent mille écus ; elle eût été humble & fage ; elle eût défarmé le Roi & leur eût épargné & à leurs peuples des dépenfes & des pertes quarante fois plus grandes.

Ce qui eft de vrai, c'eft que les Républiques, qui ne devroient fe gouverner que par les folides intérêts de la Nation, ne laiffent pas quelquefois, lorfque les Confeillers du Miniftére font pleins de vanité & de préfomption, de fuivre des maximes de paffion & de reffentiment, en abandonnant les folides intérêts du peuple, pour fuivre leur propre reffentiment perfonnel ; le bon fens, le bon efprit, l'économie avoient élevé les Hollandois par le commerce ; mais la profpérité leur avoit infpiré la fotte gloire de difputer de puiffance & de vanité de médailles avec leurs voifins, ce qui étoit une enfance & une fottife, au lieu de ne fonger qu'à difputer de juftice, de douceur, & d'habileté dans le commerce avec eux.

Cette gloriole, de refufer des complimens que dictent la modeftie & la politeffe, les avoit mis dans la néceffité de faire des efforts extraordinaires & ruineux dans la guerre qu'ils eurent avec les Anglois en 1666. Ce fut cette mème vanité qui les empêcha de faire folemnelle-
ment

ment d'humbles satisfactions à Louis XIV. &
qui leur attira une guerre avec les François
encore plus ruineuse que celle qu'ils avoient
eue avec les Anglois.

Ce ne fut pas une moindre faute d'impru-
prudence & de modération dans le Roi de ne
pouvoir supporter l'expression de la vanité in-
solente de quelques impertinens de Hollande,
lorsqu'il se résolut à risquer de perdre plus de
quarante mille soldats & Officiers, & à faire
payer ses sujets plus de cent cinquante millions dans les six années de guerre qui suivi-
rent; & cela uniquement pour avoir le plaisir
d'abatre la sotte présomption & l'orgueil des
Hollandois; or ne pouvoit-on point avec ces
cent cinquante millions, & la vie de tant de
sujets, acheter pour le Roi, & pour ses sujets,
plus grand nombre de plaisirs plus grands &
plus purs que le mince plaisir de montrer la
supériorité de ses armes, & d'humilier des sots
& des superbes.

Quelqu'un en Europe pouvoit-il douter de la
supériorité de puissance que le Roi avoit sur les
Hollandois? Or que pouvoit produire autre chose une dépense extraordinaire de plus de cent
cinquante millions, que de donner à l'Europe

pe une nouvelle preuve de cette fupériorité de puiſſance ſur la Nation Hollandoiſe ? & cette nouvelle preuve valoit-elle cent cinquante millions ? valoit-elle la mort de quantité de ſoldats & de braves Officiers François ?

Etoit-il raiſonnable de faire tant ſouffrir tant de familles, pour tirer vengeance des impertinences de quelques hommes, qui n'étoient que des enfans, à qui la vanité avoit tourné la tète ? ne ſuffiſoit-il pas de leur laiſſer le ridicule qu'ils méritoient ? valoient-ils ſeulement huit jours de ſoins d'un homme ſage ? Il eſt vrai que le Roi, enfant lui-même comme eux, fut bleſſé de leur vanité ; mais n'étoit-il pas incomparablement plus ſage de rire de leur inſulte que de s'en fâcher ? Voila pourtant le vrai, le réel de cette petite inſulte que Louvois eût l'habileté de faire paroître ſi grande ; telle fut l'entrepriſe qu'il repréſenta à ſon Maître comme très glorieuſe ; auſſi n'y eut-il que Louvois qui profita de toutes les pertes que firent dans cette guerre les Hollandois, les Suédois, les Eſpagnols, les Allemands & les François ; il augmenta ſon crédit, ſon autorité, ſa conſidération, les biens de ſa famille & de ſes créatures,

&

& fe moquoit de Colbert fon rival, qui avoit le foin d'exiger de grandes impofitions, qui ne fervoient qu'à augmenter la confidération du Miniftére de la guerre.

Et il ne faut pas défavouër que plus cette entreprife fut injufte & heureufe, plus elle ir- rita nos voifins, & les difpofa à s'unir contre un jeune Roi, dont la puiffance les menaçoit d'un pareil traitement ; mais cet inconvénient étoit précifément le point où vifoit Louvois, pour fe rendre de plus en plus important dans fon Miniftére, en accablant d'affaires fàcheufes le Miniftre des Finances fon rival.

Ce n'eft pas une vérité bien difficile à dé- montrer, qu'un Souverain, qui fait de grandes dépenfes aux dépens du peuple, doit avoir pour but de procurer à ce peuple un profit beaucoup plus fort, que la dépenfe à laquelle il engage fon peuple ; & que d'en ufer autre- ment c'eft une injuftice devant DIEU & au tribunal de la confcience. Cependant Louvois, aidé de la fotte opinion du peuple, que la fu- périorité des armes eft une vertu ou une qua- lité digne de louanges, quoiqu'employée in- juftement, perfuada le Roi, & le Roi perfua- dé s'occupa le refte de l'année à amaffer tout

ce

ce qui pouvoit contribuer à faire réüffir le projet que Louvois lui avoit fait adopter, & à
éloigner tout ce qui pouvoit le traverfer; ainfi plus il trouvoit de difficultés, plus il s'opi-
niâtroit à les furmonter; heureux s'il eût penfé que la juftice méritoit toute fon application & tous fes foins !

Les Hollandois, en cela mauvais politiques,
pour faire dépit au Roi commencérent à défendre chez eux le commerce des vins de France; le Roi de fon côté défendit aux François
de vendre aux Hollandois les eaux de vie,
dont ils avoient grand befoin pour leurs vaiffeaux, & augmenta les impofitions d'entrées
fur les épiceries & fur les autres marchandifes qu'apportent les Hollandois, fans augmenter les entrées de ce qu'apportoient les Anglois
& les autres Nations; ainfi tout fe préparoit
à la guerre pour le commencement de l'année
fuivante.

Cette année le Roi fit commencer par Man-
fard le bâtiment des foldats invalides & eftro-
piés. Ce projet a plus d'éclat que de folidité;
car il en coûte à la Nation trois-cent livres
par foldat pour les nourrir & entretenir à Paris; au lieu qu'en donnant cent livres à cha-

cun d'eux dans leurs villages, ils se trouve-
roient beaucoup plus heureux; & au lieu de
deux mille invalides, le Roi avec le même fonds
en pourroit entretenir six-mille. Il ne devroit
y avoir à Paris que des Parisiens, & un bureau pour faire payer les soldats des provinces, & pour en avoir les listes & les contrôles.

Colbert, qui songeoit à procurer au Royaume non seulement plus de richesses par les
arts, par les manufactures & le commerce
étranger, mais encore plus d'éclat par les progrès des Sciences, fit venir en France plusieurs
savans, & envoya en Afrique, en Amérique
& en plusieurs endroits de l'Europe des savans
François pour y faire des observations propres à perfectionner les Sciences, & sur-tout
la Physique, la Médecine, la Navigation, &
la Géographie.

Il travailloit fortement à rétablir les finances dans un bon ordre, & l'on peut dire que
son grand travail & son grand succès nuisi-
rent de ce côté-là au Royaume, en ce que
le Roi trouva un peu trop de facilité à lever
de grandes impositions, pour faire des guerres ruineuses, qu'il n'auroit pas faites, s'il avoit
eu un Ministre des finances moins habile &

moins

moins laborieux , & s'il avoit trouvé plus de difficultés à lever des taxes fur fon peuple.

A N N E' E 1672.

Le 6e. Avril 1672. le Roi fit publier dans Paris & afficher la déclaration de guerre qu'il vouloit faire aux Hollandois , & comme il ne difoit dans cette déclaration aucun motif fuffifant pour entreprendre une guerre fi couteufe & qui pouvoit durer pendant plufieurs années , chacun jugea que Louvois auroit mieux fait, pour fauver au Roi la réputation de voifin fâcheux , injufte , malfaifant , de ne point faire publiquement une pareille déclaration ; c'eft un nouveau tort que de donner au public de mauvaifes raifons.

Le Roi en ne publiant aucun manifefte , laiffoit croire qu'il avoit lui & fes fujets de grands motifs de fe plaindre des Hollandois.

Le Roi marcha par Charleroi vers Maftricht avec près de cent-trente-mille hommes ; il commandoit la grande armée ; M. le Prince de Condé , que l'on nommoit M. le Prince , commandoit la feconde , & M. de Turenne la troifiéme.

Les Hollandois, qui n'avoient que vingt-cinq-mille hommes, ne pouvoient mettre que de foibles garnifons dans les trente places où ils en avoient befoin. Les maniéres hautaines dont pendant leur profpérité ils avoient traité leurs voifins moins puiffans, firent que ces voifins les virent avec plaifir fort confternés.

Le Roi s'empara dans cette Campagne de trente-fix villes, dont la plupart étoient fortifiées, de Tongres, de Mazeick, d'Orfois, de Burik, de Vefel, de Rhimbergue, d'Emeric, de Doetkam, d'Arnem, de Shenck, de Duysbourg, de Deventer, de Groll, de Hardewick, d'Amersfort, de Kempen, de Rhenen, de Viane, d'Elbourg, de Vich, de Zwol, de Culembourg, de Vageningen, de Vars, de Lekem, de Hattem, de Zutphen, de St. André, de Varni, de Genep, de Nimégue, de Narden, de Crèvecœur, de Bommel, de Bodegrave, de Swammerdam; les autres villes, pour fe garantir de ce torrent inondérent la plus grande partie de leur pays, & les Magiftrats d'Amfterdam mirent même en délibération s'ils fe rendroient au Roi.

Ce fut alors que les Hollandois fentirent combien leur faute étoit grande de n'avoir pas pris plutôt l'idée qu'ils devoient de la puiffance formidable d'un jeune Roi, qui commande en perfonne une nombreufe armée, confeillé

lé tantôt par de jeunes étourdis fes Courtifans,
qui veulent fe diftinguer à l'envi par des entreprifes courageufes & difficiles, & de n'avoir
pas fait dès 1664. & 1665. des ligues défenfives de garantie réciproque contre la France,
en s'uniffant avec l'Efpagne pour empêcher le
Roi de faire les grandes conquêtes qu'il fit dans
les Pays - Bas Efpagnols en 1667.

Au refte les grands & rapides avantages du
Roi fur les Hollandois ne tardérent pas à donner de grandes inquiétudes à leurs voifins, &
à les rendre plus faciles à fe liguer avec eux,
moins pour le falut de cette République, que
pour leur propre confervation. On parla de
paix, & le Roi craignant à fon tour le nombre & les forces des Souverains qui fe liguoient,
fe rendit plus facile fur les conditions d'un
traité de paix.

Pour l'ordinaire les Souverains fongent à fe
liguer pour leur confervation réciproque quand
il n'en eft plus tems, & les Républicains
Hollandois, pour avoir épargné deux ou trois
millions à faire de fortes ligues défenfives
dans les tems favorables en plufieurs années,
dépenférent plus de foixante millions d'extraordinaire, & furent obligés de reprendre un Stat-

O 3   hou-

houder, ou Commandant - Général des Etats,
qui pour les gouverner defpotiquement commença prudemment par faire tuer deux ou trois
douzaines des principaux Magiftrats & Officiers
Républicains, entr'autres le grand Penfionnaire
de Witt & fon frére. Voilà ce que cauférent
à la République des épargnes pernicieufes, &
des défauts de lumiére dans les Magiftrats,
pour fe faire une idée jufte de la puiffance &
de la force des Souverains voifins à qui ils pouvoient avoir à faire.

D'un autre côté fi le Roi dans la campagne de 1672. s'étoit contenté de faire fauter
les fortifications de toutes les places qu'il prit
fur la République, qu'il eût ramené fon armée en France & licentié fes troupes, il auroit
fuffifamment humilié les Hollandois au gré de
tous leurs voifins, & n'auroit infpiré à aucun
voifin aucune crainte de vouloir faire des conquêtes à leurs dépends ; l'Efpagne, l'Angleterre
vengées, aucun Potentat ne fe fût remué pour
aider aux Hollandois à fe venger à leur tour,
& la guerre étoit finie.

Mais ce n'étoit pas le compte de Louvois.
Colbert fon rival, qui avoit foin des finances
& du miniftére intérieur de l'Etat, eût eu plus

de

de crédit que jamais dans la paix ; il falloit donc pour perpétuer la guerre que Louvois infpirat au Roi de vouloir garder des conquêtes en Hollande, pour porter l'Efpagne & la Maifon d'Autriche à fe liguer étroitement, pour faire reftituer ces conquêtes par le Conquérant, pour l'abaiffer à fon tour, & pour n'avoir plus à craindre un voifin fi facile à fe mettre en humeur de conquérir. Ainfi Louvois perfuada le Roi de garder fes conquêtes, & même d'en faire d'autres l'année fuivante, pour fe dédommager d'une partie des frais de la guerre.

Louvois gagnoit deux points importans : il accoutumoit le Roi aux projets de guerre & de conquêtes ; & il donnoit au refte de l'Europe l'idée du Roi comme d'un Prince très puiffant, qui, fans fe foucier d'exécuter fes traités, afpiroit à la Monarchie de l'Europe ; & l'on peut dire que Louvois ne réuffit que trop bien dans fon deffein ; il prouva à tout le monde la puiffance, l'ambition & le peu d'exactitude de fon maître à exécuter fes promeffes, & cette opinion publique fut le principal reffort dont le Prince d'Orange, depuis Roi d'Angleterre, fe fervit pour unir toute l'Eu-

rope

rope contre le Roi quinze ou feize ans après dans la ligue d'Augsbourg, pour le mettre plufieurs fois en divers tems fur le bord du précipice, dont l'on peut dire que l'Etat ne s'eft fauvé que par des conjonctures qui tiennent du merveilleux, & en montrant à fon tour malgré lui fa foibleffe; & effectivement nous ne prouvames que trop bien en 1712. quarante ans après, qu'il n'y avoit plus rien à craindre pour l'Europe de la fupériorité de notre puiffance autrefois fi formidable.

Le Confeil de cette année fut fi occupé de guerres & de nouveaux préparatifs pour la campagne fuivante, que l'on n'en vit rien fortir pour l'utilité intérieure de l'Etat, mais feulement des Edits pour de nouvelles impofitions néceffaires pour faire la campagne fuivante.

Il paroît par les plaifirs que le Roi avoit pris dans les divers fuccès qu'il avoit eu contre les Hollandois, que fon principal but étoit de leur montrer fa grande puiffance à eux & à toute l'Europe, ce qui n'a rien de glorieux & de digne de louange; s'applaudir d'être plus puiffant que les autres, c'eft une vanité, c'eft une gloriole; mais la vraie gloire, la grande

gloi-

gloire, la diftinction la plus précieufe entre fes pareils, c'eft de faire le meilleur ufage qu'il eft poffible de la fupériorité de fa puiffance, tant pour augmenter le bonheur de fes fujets, que pour fe faire eftimer & aimer de fes voifins.

Je conviens que fi le Roi s'en fût tenu au defir de venger fes voifins des infultes qu'ils avoient reçûes des maniéres hautaines de ceux qui gouvernoient la République de Hollande, & d'humilier cette Nation, en lui ôtant une partie de fes fortifications, c'étoit un emploi jufte de fa grande puiffance ; mais dès que dans les conférences pour la paix le Roi parle de dédommagement & de garder des conquêtes, le moins clair-voyant voit que ce n'eft plus l'intérêt public, ni l'intérêt de la juftice qui l'a mis en mouvement, ce n'eft plus qu'un intérêt particulier, ce n'eft plus un Héros, ce n'eft plus pour les fentimens qu'un homme du commun qui ne penfe pas d'une maniére plus élevée que des bourgeois, tels qu'étoient fes Miniftres.

Si le Roi fe fût chargé de faire rendre juftice aux Souverains foibles par les Souverains puiffans & injuftes, il eût eu également le plaifir

fir de prouver à l'Europe fa grande puiffance, & il eût jouï de la gloire d'en faire un emploi glorieux & utile au public, il eût prouvé démonftrativement fon grand defintéreffement, & par conféquent fon grand amour pour la juftice. Tel eft le plus bel emploi de la puiffance d'un Souverain, parce que c'eft un acte de grande bienfaifance que de faire rendre à fes propres dépens juftice au plus foible : Voilà le vrai héroïfme, qui fera toujours inconnu à ceux qui penfent en bourgeois.

Il y avoit en ce tems là, & il y aura toujours affez d'injuftices pareilles que les Souverains puiffants font aux foibles, & des injuftices encore plus grandes que ne pouvoient être les maniéres fiéres & hautaines dont les Hollandois traitoient les autres Souverains.

Ce n'eft pas une vérité bien difficile à voir comme vérité, que ce n'eft pas la fupériorité de puiffance qui eft digne de louange, mais feulement le noble ufage de cette fupériorité pour faire régner la juftice, pour diminuer les maux des hommes & pour en augmenter les biens.

Tibére, Néron, Attila, ces hommes fi infames, ont eu plus que Louis XIV. cette grande fupériorité de puiffance fur leurs voifins ;

ont.

ont-ils pour cela mérité aucunes louanges ? Cependant cette vérité ne fut connue par Louis XIV. que vers la fin de sa vie, lorsque sa puissance étoit extrèmement diminuée, & lorsqu'au lit de la mort il recommanda si fort au Roi son successeur de ne pas l'imiter dans ses folles entreprises de guerre.

Au reste, je suis persuadé que si quelqu'un lui eût demandé s'il croyoit ces maximes vraïes, il lui eût répondu qu'oui. Mais que sert dans la conduite une vérité que l'on ne connoit que par spéculation, & de la pointe de l'esprit ? de quelle force peut - elle être contre les préjugés du vulgaire qui croit tout le contraire, & que rien n'est si beau & si glorieux que d'avoir une grande supériorité de puissance & de la faire sentir aux autres en leur faisant du mal.

Le Roi n'avoit eu qu'une mauvaise éducation, dans laquelle les grandes & importantes vérités n'avoient pas assez été repetées & prouvées en diverses maniéres ; elles ne l'avoient pas été la centiéme partie de fois qu'elles auroient dû l'être pour former de bonnes habitudes ; pouvoit - il alors avoir des habitudes assez fortes pour résister au torrent des préjugés faux de la grande multitude de jeunes

Cour-

Courtifans & d'habiles flatteurs qui l'environ-
noient du matin jufqu'au foir en 1672.

J'avoué que de ce côté là on doit être très
indulgent envers les Rois du commun, qui
n'ont pas eu le bonheur d'une excellente éducation, qui enfeigne aux écoliers en quoi confifte la vertu, & quelles font les actions & les
entreprifes qui méritent véritablement une belle réputation & de grandes louanges.

Cela prouve que pour jouer un grand rolle
en Europe, & pour empêcher les guerres &
faire rendre juftice aux moins forts, il faut plufieurs conditions. 1°. Il faut être puiffamment
armé. 2°. Il faut être inftruit à fond des contef-
tations des Souverains. 3°. Il faut que le Roi jufte leur déclare qu'il fera pour celui qui ne fera aucune hoftilité & qui offrira l'arbitrage. 4°. Il faut
que ce Médiateur ne demande jamais aucun dédommagement de fes pertes & de fes dépenfes,
& fe contente du feul plaifir de conferver la
paix & l'alliance entre les voifins. 5°. Il faut
qu'il ne fonge qu'à l'honneur de leur épargner
les dépenfes & les pertes que caufe la guerre.

Or il n'y a qu'un grand homme qui puiffe
penfer ainfi; un homme du commun ne fauroit monter fi haut, fur-tout lorfqu'il n'a que

des

des Miniſtres, qui avec de l'eſprit & de l'habileté n'ont que des ames vulgaires.

A N N E'E 1673.

La République de Hollande répréſenta ſi bien
à l'Eſpagne, à l'Empereur, & à l'Electeur de
Brandebourg l'intérêt qu'ils avoient tous d'arrêter les conquêtes des François, qu'ils ſe déclarérent en ſa faveur; auſſi la France ſe contenta de prendre Maſtricht & d'abandonner le reſte des places qu'elle avoit en Hollande pour
garantir elle - mème ſes propres frontiéres.

Il y eut auſſi divers combats ſur mer, qui,
à leur ordinaire, coûtérent beaucoup & ne décidérent de rien.

Les Allemands prirent Bonn ſur l'Electeur
de Cologne Allié de la France, & les deux
partis oppoſés commencérent à avoir tantôt de
bons, tantôt de mauvais ſuccès, & à combattre avec une égalité d'autant plus ruineuſe
qu'elle étoit durable.

Cette Alliance des Princes voiſins contre la
France ne ſurprit perſonne, & comme chacun
s'y attendoit, le Roi pouvoit facilement la de-
viner un an devant, éviter de donner des allarmes à l'Europe, éviter la réputation de voiſin

fin inquiet, ambitieux, impatient, turbulent, injuſte, qui vouloit avec hauteur impoſer des loix à ſes voiſins ; il pouvoit au contraire s'en faire aimer, & s'en faire reſpecter comme le protecteur des foibles, & comme médiateur & arbitre deſintéreſſé ; il pouvoit éviter la néceſſité de ruiner ſon peuple par des augmentations d'impots ; il pouvoit au contraire travailler à l'enrichir par l'augmentation du commerce de ſes ſujets, par l'amélioration des finances, par le perfectionnement de l'éducation de la jeuneſſe, par les beaux chemins, par les canaux, par de bons réglemens, & de bons établiſſemens pour l'intérieur de l'Etat, tel que pouvoit être l'établiſſement du ſcrutin perfectionné.

Mais Louvois, jeune Miniſtre de la guerre, lui inſpira des deſirs tout oppoſés, c'eſt-à-dire, le deſir de ſoumettre ſes voiſins par la ſupériorité de ſes armes, ce qui étoit impoſſible ſans la ſupériorité des finances & ſans la ſupériorité du commerce, ſurtout contre des peuples plus nombreux, ſecourus par l'argent des Nations riches & commerçantes.

Ce furent cependant ces fauſſes idées avec leſquelles Louvois entraina le Roi dans des entrepriſes guerriéres, dans leſquelles il n'a remporté

porté qu'une réputation odieuse à ses voisins, & très onéreuse à ses sujets, en comparaison de celle qu'il auroit pu acquérir avec la moitié moins de dépenses, en se contentant de ce qu'il possédoit par des négociations pour entretenir la paix en Europe, & par de bons projets propres à bonifier durant la paix l'intérieur de son Etat.

Colbert forma cette année un établissement utile à l'Etat, ce fut *le Jardin Royal*, où l'on fait des leçons publiques d'Anatomie, de Chymie, & de Botanique.

Le Roi par les soins de ce Ministre fit aussi une Ordonnance sur le commerce, & une autre sur les fraix de Justice, qui remédiérent à un grand nombre de petits abus.

Il y eut encore une Ordonnance pour établir dans chaque Bailliage ou Sénéchaussée un Greffe, où celui qui vouloit avoir une hypothéque sur un fonds de tel Bailliage devoit faire enrégistrer son titre; mais comme à cause de la guerre cet Edit regardoit moins l'intérêt public que des taxes & subsides pour continuer une guerre qui n'étoit nullement nécessaire, le Roi trouva de la résistance à l'enrégistrement de cet Edit au Parlement; car les bon-

bonnes loix, lorfqu'elles font faites dans des vûés de lever de nouveaux impôts fur le peuple, deviennent bientôt mauvaifes & nuifibles aux fujets.

ANNE'E 1674.

Les deux partis avoient choifi Cologne pour conférer de la paix, fous la médiation du Roi de Suéde ; mais l'Empereur, piqué de ce que le Prince de Furftemberg comme Plénipotentiaire de l'Electeur de Cologne Allié de la France mettoit perpétuellement des obftacles à fes deffeins, le fit enlever de Cologne, & le fit mettre en prifon à Neuftad. Cet enlévement fait contre le droit des gens fit rompre les conférences, qui ne recommencérent que trois ans après à Nimégue.

Cependant le Roi fit la conquête de la Franche-Comté, avant que les Impériaux puffent paffer le Rhin ; enfin ils le paffèrent au nombre de foixante & dix mille hommes, & fur la fin de la campagne prirent leur quartier d'hyver en Alface.

Mr. de Turenne les laiffa établir ; mais dans le mois de Décembre, il raffembla fes quartiers en Lorraine, & fit de fi belles marches, qu'avec

vec

vec quinze ou feize mille hommes étant arrivé du côté de Béfort, il battit leurs quartiers l'un après l'autre, & les obligea d'aller prendre d'autres quartiers dans leur propre pays à l'orient du Rhin.

Les bons François murmuroient de ce que l'on donnoit fi peu de troupes à commander au meilleur Général de France; mais Louvois haïffoit Mr. de Turenne, & méprifoit la capacité qu'il prétendoit avoir déja acquife dans l'art militaire.

Ce Miniftre avoit mis dans l'efprit du Roi de gouverner lui-même les armées avec des projets de campagne & des couriers, ce qui étoit impoffible, parce que les occafions de battre l'ennemi ou de l'éviter fe perdent en peu d'heures, & parce qu'il faut pouvoir changer de plan promtement felon les événemens journaliers de la guerre. Auffi Mr. de Turenne mettoit-il quelquefois dans fa poche les paquets qu'il recevoit de la Cour, & ne les lifoit que le lendemain, en difant : „C'eft à ceux qui „ font fur les lieux à juger de ce qu'il faut y „ faire jour par jour.

Les Hollandois firent de grands armemens fur mer, qui leur coutérent beaucoup; car on

Ann. Polit. I. part.   P   dit

dit qu'ils avoient près de cent vaiſſeaux armés ; mais ils n'eurent aucun ſuccès ni à Bel-
iſle, ni à la Martinique, & perdirent inutilement plus de vingt millions de dépenſe. Ainſi
il arriva que cette année chaque parti dépenſa beaucoup, & ſe fit beaucoup de mal ſans
faire aucun véritable profit, ni aucun progrès
pour terminer leurs différends.

On ne vit cette année aucun réglement, aucun établiſſement pour l'utilité publique ; toute l'attention du Conſeil & toutes les finances
ne regardoient que la guerre, que nous avions
entrepriſe ſi mal à propos, & qui, au lieu de
procurer une grande utilité au public, (ce
qui eſt le but d'un bon Gouvernement) cau-
ſoit au contraire à pluſieurs Nations des maux
innombrables, de ſorte que l'on peut dire,
que ſi par le moyen de la guerre le Roi viſoit à augmenter le bien public, il s'égaroit
au point d'aller droit à l'oppoſite de ſon but ;
& s'il ne viſoit pas à ce but, il ne méritoit pas
d'être loüé comme bon Roi.

Ce fut cette année que Mr. le Prince donna la
terrible bataille de Senef en Flandre, dans laquelle il y eut tant de troupes & de braves Officiers
tués de part & d'autre, ſans aucune déciſion.

Col-

Colbert voyant la guerre s'allumer de plus en plus, se vit alors obligé de chercher les moyens de soutenir le plus qu'il pouvoit les nouvelles dépenses où la guerre engageoit le Royaume. Ainsi on ne vit plus qu'Edits bursaux pour trouver de l'argent; on vit la création de huit nouveaux Maîtres des Requêtes, la création des offices de Jaugeurs, des taxes sur les Officiers de Judicature, des taxes sur l'étain, sur la vaisselle d'or & d'argent, sur les contracts d'échange. On vit de nouvelles créations de plus de trois cent petits Offices sur les ports de Paris, création de nouveaux Procureurs, taxes sur le papier marqué, taxes sur le tabac, taxes sur les consignations, sur les bois de Normandie, sur le *prétexte* du tiers & du dixiéme denier; création de nouveaux gages sur les offices de Judicature, création d'un million de rentes sur la ville.

Ce dernier expédient de création de rentes sur la ville parut dans la suite le plus facile & le moins onéreux. Telles étoient les malheureuses suites d'une guerre très couteuse, entreprise sans aucun fondement légitime.

 AN-

A N N E´ E 1675.

Monſieur de Turenne fit la guerre juſqu'à la fin de Janvier de cette année; & comme le Roi, par les conſeils de Louvois, ne lui donnoit que peu de troupes à commander l'été, il faloit qu'avec ſa grande capacité il regagnat l'hyver ſur les ennemis ce qu'ils avoient gagné l'été par leur grande ſupériorité; ainſi il avoit l'avantage d'ètre de meilleure heure qu'eux en campagne & de pouvoir raſſembler ſes troupes l'hyver, faculté que n'avoit pas Montecuculi habile Général Allemand, parce que les Colonels & les Officiers des Régiments Allemands ſont bien moins dépendants de leur Général que les Colonels & les Officiers des Régimens François.

Cependant Mr. de Turenne ayant paſſé le Rhin dans le mois de Juillet, eſpéroit, quoique plus foible, battre Montecuculi; il avoit pour cela fait ſes diſpoſitions de maniére qu'on lui entendit dire en parlant des ennemis, „ Ils » ſont enfin venus où je déſirois qu'ils vinſſent; mais étant monté ſur une hauteur avec quelques Officiers pour découvrir leurs mouvements & pour placer une batterie, les ennemis

mis

mis qui commençoient à décamper, firent encore une derniére décharge d'une batterie qu'ils avoient dans le voisinage de cette hauteur, & un boulet perdu & tiré de fort loin emporta le bras de Saint-Hilaire Lieutenant Général d'Artillerie, & donna dans l'estomach de Mr. De Turenne, qui tomba mort sur la place à soixante & quatre ans.

Telle fut la fin glorieuse de la vie d'un homme très célébre, & qui, à mon avis, mériteroit le nom de *Grand*, s'il n'avoit pas quitté le parti de la Cour vingt ans auparavant, pour suivre imprudemment la folle ambition de son frére aîné, durant les guerres civiles de la Fronde dans la minorité du Roi Louis XIV.

Le grand homme ne se prête jamais aux desseins de ceux qui cherchent à troubler la tranquillité intérieure de leur patrie par des revoltes; il employe toujours volontiers, au contraire, ses talents à soumettre promtement les revoltés & à maintenir la paix intérieure; parce que le plus grand malheur d'un Etat c'est la guerre entre citoyens.

Les fautes d'un Ministre Général causent à la vérité quelques malheurs dans l'Etat, mais ils ne font rien en comparaison des malheurs

que

que caufe une guerre civile ; ainfi ce fera toujours à mes yeux une horrible tache dans la vie de Mr. de Turenne, d'avoir fuivi feulement un an ou deux le parti des perturbateurs du repos public , & d'avoir fervi contre fa patrie fous les Chefs des féditieux qui armérent les François contre les François.

Montecuculi fut averti une heure après de la mort de Turenne , & fit revenir les bagages qui avoient commencé à défiler : les deux Lieutenants Généraux de l'armée de Mr. de Turenne ne fongérent qu'à repaffer promtement le Rhin , & à fe tenir fur la défenfive en Alface ; la confternation fut grande dans cette armée, & bientôt après dans tout le Royaume ; il n'y eut que Louvois qui crut avoir beaucoup gagné par cette mort. Mr. le Prince qui étoit en Flandre eut ordre de venir commander l'armée de Monfieur de Turenne , qui fut promtement fortifiée de douze ou quinze mille hommes.

La campagne fe paffa dans une efpéce d'égalité d'avantages & de défavantages dans les différens endroits où il y avoit des armées.

Pour fournir à la grande dépenfe où Louvois avoit engagé le Royaume, il fallut créer

de

de nouveaux impôts , & tel fut l'impôt du papier marqué , qui excita une revolte à Rennes & à Bordeaux ; & comme les deux Parlemens de ces deux villes furent foupçonnés d'avoir favorifé ces revoltes , ils furent transférés , & la fédition fe calma.

Les Anglois retirérent leurs troupes de nôtre armée, & le Roi d'Angleterre s'offrit aux deux partis pour Médiateur de la paix ; il fut accepté, & l'on convint de Nimégue pour le lieu des Conférences ; on commençoit de part & d'autre à fe laffer de la grande dépenfe & des grands embarras de la guerre, mais ce commencement de laffitude n'opéra aucune fufpenfion d'armes.

Nul réglement, nul établiffement en faveur de l'intérieur du Royaume ; mais il parut un Edit burfal pour des taxes fur ceux qui avoient acquis des terres du Clergé.

Le Roi créa auffi cette année un nouveau million de rentes fur l'hôtel de ville de Paris, au payement defquelles il affecta le revenu de fes fermes ; & il créa auffi un nouveau million de gages annuels, que l'on força les Officiers de Juftice d'acquérir malgré eux ; ces deux articles apportoient au Roi quarante millions ,

c'éc'étoient deux millions de rente dont l'Etat demeuroit chargé pour toujours.

Je ne difconviens pas que le Roi n'ait eu du plaifir à fe venger des deux médailles Hollandoifes ; mais on ne difconviendra pas que les François achetérent bien cher ce plaifir du Roi.

A N N E' E 1676.

Les Conférences de Nimégue pour la paix étoient commencées, les Plénipotentiaires Médiateurs faifoient des propofitions aux deux partis, mais on avançoit peu , parce que ces Plénipotentiaires n'avoient point obtenu de fufpenfion d'armes : Ainfi les bons ou les mauvais fuccès des armées les obligeoient à changer toutes les femaines leurs propofitions. Ces Médiateurs n'avoient point obtenu cette fufpenfion, parce qu'ils n'avoient point d'ordre de leurs Maîtres de fe déclarer contre celui qui n'accepteroit pas la fufpenfion, & effectivement les Anglois & les Suédois étoient affez puiffans pour faire pancher beaucoup & tout d'un coup la balance, & pour rendre le parti en faveur duquel ils fe déclareroient fort fupérieur.

Mais

Mais peut-être que ces Médiateurs n'étoient pas fâchés de voir durer la guerre entre leurs voisins qui pouvoient devenir leurs ennemis; ce qui est bien sûr, c'est qu'ils n'étoient pas fort ardens pour procurer la paix de l'Europe: Ainsi, il n'y avoit proprement que la grande lassitude des deux partis opposés , & leur crainte réciproque d'être encore pis les années suivantes, qui pussent les déterminer à accepter des propositions qui devoient leur paroître dures, & qu'il falloit pourtant accepter, pour finir la guerre dont la continuation leur étoit encore plus dure.

Cependant comme les François s'apperçurent qu'ils ne pourroient jamais garder Liége & Huy , ils résolurent sagement d'en faire sauter les fortifications ; conseil sage qu'ils eussent dû suivre quatre ans auparavant lorsqu'ils entrérent en Hollande , & lorsqu'ils prirent tant de places en deux ou trois mois.

Cette année mourut Ruyter d'une blessure qu'il reçut dans un combat naval près de Sicile contre les François : C'étoit le plus habile homme de mer qu'eussent les Hollandois ; ils perdirent bientôt après à Palerme grand nombre de vaisseaux de guerre que leur brûlé-

rent

rent les François commandés par Du Quefne, malheur qui ne leur feroit pas arrivé fi Ruyter avoit vécu.

Les François reprirent l'Ifle de Cayenne fur les Hollandois, & les terres voifines qui font dans le continent prefque fous la ligne, & nous les poffédons toujours : Ces pays fort chauds peuvent être utiles pour y faire croitre les arbres & les plantes, qui ne croiffent bien que dans les pays chauds ; cotoniers, cacaotiers, poivriers, mufcadiers, caneliers, cafetiers, tabacs, cannes de fucre &c. ; or il vaut mieux tirer ces denrées de fon propre pays que des étrangers, 1°. parce que l'argent ne fort point du Royaume, 2°. parce que c'eft un travail utile qui peut occuper beaucoup de familles qui n'ont pas de travaux fi utiles, ou qui manquent même de travaux.

Ce qui avoit beaucoup facilité les alliances défenfives & offenfives que les Hollandois avoient faites avec leurs alliés, c'eft qu'ils leur payoient des fubfides annuels très confidérables depuis trois ans pour entretenir des troupes ; ils en payoient à l'Empereur, à l'Efpagne, à l'Electeur Palatin, au Roi de Dannemarck, aux Princes de la Maifon de Brunfwick, à l'Evê-

que

que de Munſter, au Prince de Neubourg & à d'autres Princes : ces ſubſides étoient très onereux aux Hollandois ; ils vouloient s'en délivrer au plutôt ; & comme ils voyoient que leurs principaux Alliés différoient ſous divers prétextes d'envoyer leurs Plénipotentiaires à Nimégue, ils déclarérent qu'ils ne payeroient plus ces ſubſides, & qu'ils feroient leur paix féparément, s'ils ne ſe hâtoient de conclure avec les François, qui de leur côté étoient & paroiſſoient auſſi fort preſſés de faire la paix.

Nul réglement, nul établiſſement, nulle amélioration pour l'intérieur du Royaume, dans lequel cependant il y a tant d'améliorations conſidérables à faire.

ANNE'E 1677.

Le Roi, qui ſavoit que les Allemands ne quittent leur quartier d'hyver que dans le mois de Juin, ſe mit en campagne dès le mois de Février, avec le ſecours des grands magazins qu'il avoit aſſemblés l'été & l'automne.

Il attaqua Valenciennes, place très bien fortifiée au commencement de Mars, & la prit par un hazard heureux. Les François ayant

chaſſé

chaffé les Efpagnols d'un ouvrage détaché de la place, trouvèrent la nuit un petit chemin qui menoit dans le foffé à une petite porte qui fe trouva ouverte; il y avoit un petit efcalier pour monter fur le rempart de la ville ; l'Officier de garde fait filer ainfi fur le rempart de la ville environ deux à trois cent hommes , ils fe faififfent de la garde d'une porte, abattent le pont levis , & appellent leurs camarades du déhors ; tandis qu'une partie faifoit ferme & arrêtoit quelques troupes de la garnifon , les troupes du déhors entrérent & fe rendirent maîtres de la place ; le Roi par fa grande autorité empêcha qu'elle ne fût pillée, le fiége en auroit duré plus d'un mois & demi.

Le Roi prit encore Cambray & St. Omer en Flandre, Fribourg en Allemagne ; mais ces conquêtes ne faifoient que donner des motifs puiffans à tous fes voifins pour fe liguer plus fortement enfemble , afin d'accabler par leur multitude un ennemi fi formidable : Ce furent enfin ces mêmes conquêtes qui déterminérent l'Angleterre à fe déclarer contre les François, s'ils n'acceptoient pas certaines conditions qu'ils propofoient.

Les

Les plus fages difoient qu'il eût mieux valu pour le Roi de faire moins de dépenfe, de ne rien attaquer, de ne rien prendre, de fe tenir fur la défenfive, de bien garnir les places, de laiffer faire beaucoup de dépenfes aux Alliés pour en prendre une à la fin de la campagne & fe mettre en état de la reprendre, ou une autre équivalente au commencement de la campagne fuivante, avant qu'ils fuffent fortis de leurs quartiers.

Quoi qu'il en foit, il eft certain que ce fut la déclaration que firent les Anglois, que de Médiateurs ils alloient devenir parties & mettre ainfi une grande fupériorité de forces du côté des ennemis, qui nous obligea à accepter l'année fuivante leurs propofitions d'accommodement.

Daligre Chancelier mourut, & le Roi mit à fa place le vieux Le Tellier Secretaire d'Etat de la guerre, pére de Louvois; c'étoit un très habile Courtifan, qui avoit inftruit fon fils à toujours loüer le Roi par quelque endroit, & à lui faire croire qu'il étoit le plus fage & le plus habile homme de l'Europe ; il étoit venu à bout de lui perfuader que Sa Majefté én favoit plus dans la guerre que les plus habiles

Gé-

Généraux, & qu'il étoit l'auteur de toutes les bonnes vües qui avoient réuſſi ; Voilà pourquoi le Roi ſe plaiſoit plus à travailler avec Le Tellier & avec ſon fils qu'avec les autres Secretaires d'Etat : Mais Le Tellier avoit encore une autre habileté ; il diſoit au Roi tête à tête tout ce qui pouvoit faire naître des ſoupçons déſavantageux contre tous ceux pour qui le Roi marquoit quelque eſtime.

Un jour le Roi lui loüoit la capacité & la probité de feu Mr. De Harlai, & diſoit que ce ſeroit un bon Chancelier ; il convint de tout, & même il y ajouta d'autres loüanges : mais cependant, *je craindrois*, ajoutat-il, *que la cire ne devint pas molle entre ſes mains.* Le Roi comprit a ce mot que Harlai réſiſteroit quelquefois à ſes volontés, lorſqu'il faudroit ſceller certains Edits ; ainſi il ne ſongea plus à le donner pour ſucceſſeur à Le Telier.

Le Tellier après le Conſeil reſtoit quelquefois un demi-quart d'heure ſeul avec le Roi, & ordinairement c'étoit pour rendre de mauvais offices à diverſes perſonnes, mais toujours ſous le prétexte de conſulter le Roi comme un oracle de ſageſſe.

Un jour le Comte de Grammont, autre
Cour-

Courtisan fin & corrompu, le voyant sortir du cabinet du Roi, plus gai qu'à l'ordinaire, dit à un de ses amis ; „ Il me semble que je vois „ sortir une fouine qui vient d'égorger une de- „ mi-douzaine de pigeons dans un colombier, & „ qui en sort en se léchant encore les barbes.

On lui attribuoit pour maxime *qu'un habile voyageur doit songer à renverser de bonne heu-re les arbres à droite & à gauche, de peur qu'ils ne viennent à tomber & à se rencontrer dans son chemin.*

C'est la maxime de tous les habiles scélérats de la Cour, qui ont, comme on voit, un furieux avantage sur les gens vertueux pour avancer leur fortune à la Cour : aussi est-il très rare qu'un homme vertueux & qui a des talens y réussisse & y reste. Les Princes ne font que rire d'une médisance délicate. Ainsi les méchants ruïnent bientôt dans leur esprit les plus honnêtes gens de la Cour, c'est-à-dire qu'ils en bannissent bientôt malgré eux la vertu & la vérité.

Le Premier Président de Lamoignon mourut cette année ; c'étoit un Magistrat d'une grande réputation pour la probité & pour la capacité ; lorsqu'il fut nommé Premier Président vers
1660.

1660. il vint remercier le Cardinal Mazarin,
qui lui dit avec efprit : *Monfieur, vous ne me
devez point de remerciement ; car fi j'avois connu
un homme plus digne de cette place que vous, je
l'aurois nommé au Roi.*

Il avoit travaillé durant plufieurs années dans
des Conférences d'habiles gens à un ouvrage
fur le Droit François, qui auroit beaucoup diminué les fources des procès s'il eût été achevé,
ou fi la Cour fous la direction des Chanceliers
avoit perpétué & autorifé un pareil bureau.

Création d'un nouveau million de rentes fur
la ville.

Nouvelles taxes fur les Contrôles.

Nul réglement nouveau fur aucune des parties du Gouvernement. Les Miniftres ne pen-
foient qu'à la guerre ; & pour les autres habiles politiques, ou bien ils ne travailloient à
rien faute de récompenfes, que le Roi ne fongeoit pas à promettre ; ou bien les bons mémoires étoient rebutés par les Miniftres, faute de loifir pour les examiner, faute d'intérêt
fuffifant pour faire valoir le travail d'autrui,
faute d'autorité fuffifante pour les faire agréer
au Confeil, & faute de deniers fuffifans pour
les faire exécuter.

A N-

ANNE'E 1678.

Pour preſſer davantage les Hollandois & les Eſpagnols de conclurre ſéparément la paix, le Roi réſolut de prendre Gand & Ypres ſur la fin de l'hyver, avant que les ennemis puſſent mettre en campagne, & il les prit dans le mois de Mars; & pour avancer la ſignature de la paix, il fit un projet des articles qu'il ſigna, mandant à ſes Plénipotentiaires que c'étoit ſon dernier mot; les Hollandois preſſérent fort leurs Alliés de les accepter, & déclarérent que comme ces conditions leur paroiſſoient raiſonnables, ils ſigneroient leur paix ſéparément le dix d'Aouſt, & effectivement ils ſignérent le ſoir avant minuit.

Mais le Prince d'Orange, Stathouder des Hollandois même, avec cinquante mille hommes tâcha de ſuprendre les François commandés par Mr. de Luxembourg, campés à Saint Denis en Flandres; il donna un combat le quatorziéme Aouſt malgré la paix ſignée.

Son plan étoit que s'il remportoit une victoire complette, il feroit faire une paix plus avantageuſe pour les Alliés, & que s'il perdoit la bataille, ce qui étoit ſigné ne laiſſeroit pas de

Ann. Polit. I. part. Q ſubfubfifter ; c'étoit le raifonnement d'un jeune Prince de vingt-huit ans, qui haïffoit perfonnellement le Roi, & qui alloit perdre prefque toute fon autorité par la paix. Le fuccès du combat fut à peu près égal des deux côtés, & le lendemain la paix fut publiée dans les deux armées ; mais l'Efpagne ne figna les articles qu'un mois après.

La paix étant fignée avec les Hollandois & les Efpagnols, le Roi n'eut pour ennemis que l'Empereur, le Roi de Dannemarck, l'Electeur de Brandebourg, & quelques Princes d'Allemagne, & il n'avoit plus d'autre intérêt à la continuation de la guerre, que pour faire rendre les places qu'ils avoient prifes fur le Roi de Suéde fon allié.

C'eft ainfi que finit une guerre de fix ans, dans laquelle le Roi endetta le Royaume de rentes, ou tira de fes fujets plus de deux-cent millions de livres de vingt-huit livres au marc, qui valent plus de trois cent cinquante millions de nôtre monnoye préfente qui eft à quarante neuf livres le marc; il perdit plus de quatre vingt mille hommes, & ce qu'il acquit ne vaut pas vingt millions une fois payés.

Mais fa plus grande perte, ce fut la perte
de

de fa réputation de bon Roi & de bon voifin ;
car on ne le regarda plus dans toute l'Europe, que comme un voifin fàcheux, inquiet,
d'une ambition injufte, qui veut s'aggrandir
aux dépens de fes voifins, & qui n'a point
d'exactitude pour tenir fes promeffes : réputation à laquelle il doit les plus grands chagrins
des derniéres années de fa vie. Car ç'a été cette réputation & la guerre poftérieure qui pro-
duifirent la ligue d'Augsbourg, où toute l'Europe fe ligua contre lui, & qui a caufé la mi-
fère de fon Royaume & la ruïne d'une infinité
de Créanciers de l'Etat. Ne valoit - il pas
mieux avoir affez de fageffe pour favoir méprifer le fafte impertinent des deux médailles Hollandoifes, rejetter les idées de violer fes promeffes de renonciation aux droits de la Reine,
& fe charger du perfonnage de pacificateur de
l'Europe que lui avoit tant confeillé & fi fagement le Cardinal Mazarin ? Mais Louvois
jaloux du crédit de Colbert vouloit s'enrichir ;
il vouloit être le principal Miniftre, & pour
cela il lui faloit de la guerre ; il ne lui importoit pas que le Roi perdit la réputation de
Prince jufte, ni qu'il fût haï & détefté dans
toute l'Europe ; il ne lui importoit pas que la

Q 2

plu-

plupart des familles nobles euffent à pleurer
leurs parens & leurs amis; il ne lui importoit
en rien que les peuples fuffent réduits à la mi-
fère par de grandes impofitions; mais il lui
importoit beaucoup de s'enrichir, d'avoir beaucoup d'autorité dans le Royaume, & de pouvoir fatisfaire fon ambition; telle eft l'origine
de nos premiers & de nos derniers malheurs.

A N N E'E 1679.

L'Empereur fentit bien qu'il ne pourroit pas
longtems foutenir feul la guerre avec égalité
contre les François, qui venoient de prendre
Nuitz fur le Rhin; ainfi il figna la paix le
cinquiéme Février.

L'Electeur de Brandebourg, à qui les François venoient de prendre diverfes places, & le
Roi de Dannemarck, furent bien fâchés de rendre toutes celles qu'ils avoient prifes fur la Suéde à grands fraix, mais enfin ils fignérent quatre ou cinq mois après, & ils perdirent ainfi
le fruit de ces grandes dépenfes qu'ils fe feroient épargnées s'ils avoient accepté la neutralité qui leur avoit été offerte.

Si l'Angleterre, le Dannemarck, la Suéde,
Brandebourg, Hanovre, & les autres Princes
avoient

avoient fait trois ou quatre ans auparavant une
ligue pour se déclarer Médiateurs & pour faire
accepter aux deux partis la suspension , & ensuite des propositions raisonnables , en mena-
çant de se déclarer contre le parti qui refuse-
roit la suspension & les articles proposés par
les Médiateurs, ils auroient d'abord obtenu
une suspension d'armes , & auroient ensuite
procuré la même paix , car ils auroient été en
état de mettre une supériorité décisive dans le
parti pour lequel ils se seroient déclarés.

Mais pour cela il eût fallu qu'ils eussent fait
la dépense d'un armement , & la plupart des
Princes ne sont pas assez habiles pour voir que
la dépense nécessaire pour être juge & arbitre
désintéressé est une dépense nécessaire pour tout
Souverain qui veut avoir sûreté de conserver
la paix entre ses voisins par la voye de l'arbitrage.

Ce seroit le seul parti sage & honorable que
les Princes voisins devroient prendre dans une
pareille conjoncture. Il faut commencer par é-
teindre le feu de la guerre par des suspensions
d'hostilité, de peur que l'embrasement ne s'é-
tende au grand préjudice des Médiateurs mêmes ; car quand il est bien allumé, c'est un

 tor-

torrent qu'il eſt quelquefois impoſſible d'arrèter.

Si l'on veut bien examiner les foibles origines des grands Conquérans anciens, on verra qu'il auroit été très facile aux voiſins de s'unir pour obtenir des deux partis par une pareille menace la ſuſpenſion réciproque des hoſtilités; & que faute de cette attention de la part des Puiſſances voiſines à empêcher ou à éteindre le premier petit embraſement, elles ont été envelopées elles - mêmes bientôt après dans l'embraſement général par ces célébres conquérans.

Colbert, qui avoit la marine dans ſon département, détermina le Roi à faire un port à Rochefort à l'embouchure de la Charente, & l'on y dépenſa plus de vingt millions de livres à vingt - huit livres le marc, pour faire un port très mal placé, très mal ſain pour les Officiers & pour les matelots, & dans lequel les vaiſſeaux ſe pourriſſent promtement. Il valoit mieux employer cette ſomme à aggrandir celui de Breſt, ou à faire un port à la Hogue en baſſe Normandie à l'entrée de la Manche; mais les incommodités de Rochefort ne furent pas prévuës, les avantages des autres endroits ne furent point balancés; quelques intérêts particuliers des parens de Colbert s'y oppoſérent,

&

& l'on fit une très grande dépenſe qui ne rapporta que très peu de profit. Cependant cela valoit bien la peine d'aſſembler un Conſeil d'Officiers de marine, & de comparer les divers plans & les divers mémoires ; ce qui étoit la ſeule voye avec laquelle le Roi & le Miniſtre auroient pu découvrir la vérité par le ſecours de la contradiction.

Cette année Colbert fit rétablir & perfectionner les Ecoles de Droit ; cet établiſſement valoit mieux que ce qui avoit précédé ; mais il eût fallu en même tems établir un Conſeil, un bureau perpétuel pour former peu à peu ſur chaque matiére un corps de droit François, comme Juſtinien avoit formé autrefois un corps de Droit Romain ; & ce Conſeil du Droit François auroit beaucoup mieux dirigé les Ecoles de Droit, & auroit pu trouver les moyens de faire ceſſer beaucoup de ſources de procès.

Cette année mourut un homme célébre par les malheurs qu'il avoit cauſés à l'Etat dans les guerres civiles de la minorité du Roi Louis XIV. & par la pénitence qu'il en fit douze ou quinze ans avant ſa mort : c'étoit le Cardinal de Retz, qui a écrit avec tant de délicateſſe & ſi

 peu

peu d'exactitude l'hiſtoire de ces guerres civiles, & qui s'y peint lui - même comme un habile brouillon, qui, par haine & par jalouſie
contre le Cardinal Mazarin, engagea le Parlement de Paris & les bourgeois à la révolte contre la Cour : il avoit beaucoup d'eſprit & beaucoup de talents pour les intrigues ; mais comme il faiſoit plus de cas des grandes places que
de la véritable gloire, il prit le parti des mécontents & des ſéditieux, de ſorte qu'il eût
mieux valu pour la France ſa patrie, ou qu'il
fût né ſans talents, ou qu'il ne fût point né
du tout : tel fut le pernicieux uſage qu'il fit
de ſes talents pour le malheur de ſes concitoyens.

L'Edit pour la réformation des Ecoles de
Droit apportoit de l'utilité au Royaume ; mais
au lieu d'examens & de théſes, il eût mieux
valu dans une claſſe de trente écoliers qui ſe
connoiſſent faire tirer au ſcrutin ceux qui doivent monter à la claſſe ſupérieure.

Il parut auſſi un Edit contre les duels, &
des réglemens des Maréchaux de France ſur le
point d'honneur ; mais j'ai montré ailleurs
qu'il faloit commencer par déraciner l'opinion
impertinente du peuple ſur le déshonneur.

Le

Le Roi qui fongeoit à bâtir à Verfailles créa deux millions de rente fur la ville, & en tira quarante millions, & chargea ainfi fon peuple de deux millions de rente, qui ne lui rapportoient pas cent livres de rente; pour juger fi en cela il étoit Roi jufte envers fes fujets, il n'auroit eu qu'à fe demander à lui‑même, Si j'étois fujet, ferois‑je bien aife que le Roi fit de grandes dépenfes en bâtimens à mes dépens? Eft‑il jufte qu'il employe mon bien à fatisfaire des fantaifies fi couteufes? *Ne faites point contre un autre plus foible ce que vous ne voudriez pas qu'il fit contre vous, s'il étoit plus fort que vous.* Cette premiére régle de toute focieté, c'eft l'équité même, elle fubfifte & fubfiftera toujours pour tout le monde, foit entre citoyen & citoyen, foit entre Roi & Roi, foit entre Roi & fujet; tout Roi qui fait des injuftices en cela, n'eft pas Roi bienfaifant.

A N N É E 1680.

Le Roi licencia beaucoup de troupes, mais Louvois le détermina à employer le fond annuel des troupes reformées en fortifications; ainfi les fubfides ne furent prefque point diminués. On fortifia donc Saarlouis, Landau, Huninningue, Phalsbourg du côté d'Allemagne. Il eût travaillé beaucoup plus utilement pour la sûreté de son Royaume de travailler à établir la Diéte Européane pour terminer sans guerre & par arbitrage les différends futurs entre lui & ses voisins, & de laisser à ses peuples, en diminuant leurs impôts, les moyens de rétablir leur commerce, & de mieux cultiver leurs terres ; mais Louvois, qui vouloit recommencer la guerre dans peu, n'avoit garde de donner des vues pour rendre la paix perpétuelle.

Si le Roi avoit pris le parti de rechercher avec politesse tous les Souverains d'Europe, il auroit rétabli sa réputation & son crédit parmi eux, & auroit eu à beaucoup moins de frais par ses sages alliances une sûreté imcomparablement plus grande pour conserver ses frontiéres en entier, qu'il ne pouvoit jamais en avoir, par ce grand nombre de fortifications, où il a dépensé durant son régne des sommes immenses, & même pour quantité de places qu'il a été obligé de rendre à ses ennemis.

Etant Allié avec tous pour leur conservation réciproque, il n'auroit point eu d'ennemis à craindre, & par conséquent point de places à fortifier ; il n'auroit eu que des Négociateurs

&

& des Médiateurs à entretenir dans toutes les Cours, ce qui n'eût pas monté à la vingtiéme partie de ce qu'il lui en a couté en fortifications.

Seignelai fils de Colbert étoit déja Sécretaire d'Etat avec le département de la marine ; c'étoit un autre jeune ambitieux qui vouloit de son côté se rendre important & même nécessaire ; & comme il étoit éloquent, il eût pris un grand ascendant sur l'esprit du Roi, mais il n'avoit pas l'humeur plus pacifique que Louvois. Il s'étoit de bonne heure mis dans la tête de devenir Maréchal de France & Duc & Pair ; c'est ainsi que Louis XIV. fut une partie de sa vie le jouet de ces deux Ministres, qui, au lieu de viser à augmenter le bonheur de leur patrie & la réputation du Roi du côté de la justice & de la bienfaisance, ne songeoient qu'à leurs intérêts particuliers, & à laisser, aux dépens du Roi & de la Nation, leurs maisons riches & illustrées de dignités ; ambition très vive, très commune, & qui leur fit souvent commettre de grandes injustices envers leur patrie.

M. Le Dauphin épousa cette année la Princesse de Bavière, dont il eut trois garçons ; le
cadet

cadet mort fans enfans. L'aîné Duc de Bourgogne, devint Dauphin après la mort de fon
pére, & s'étant marié avec la Princeffe de Savoye, il en eut le Roi Louis XV. à préfent
régnant. Le fecond eft encor aujourdhui Roi
d'Efpagne.

Louvois fit cette année deux établiffements
qui rendirent le Roi très odieux aux Princes
Allemands, & par contre-coup aux autres Nations de l'Europe : & je croirois volontiers, que
c'étoit fon but, pour faire bientôt renaître la
guerre avec les Allemands, & avec les autres
Princes nos voifins.

Il établit une Chambre à Metz, & une autre femblable à Brifac, pour juger quantité de
Princes & de Seigneurs Allemands qui avoient
des terres en Alface. Les prétentions de Mr.
de Louvois étoient affez fouvent juftes dans
le fonds ; mais ce qui revoltoit davantage,
c'étoit les maniéres hautaines dont les Confeillers de ces Chambres écoutoient ceux qui fe
plaignoient, & les maniéres dures dont ils faifoient exécuter leurs jugements. Le Procureur
Général de la Chambre de Metz avoit beaucoup d'efprit & de lumiéres, mais fans aucun
principe d'équité, & tout dévoüé aux volon-

tés

tés de Louvois. Cet homme servit plus que perfonne à rendre le Roi odieux, par les pourfuites vives & fouvent injuftes contre les Seigneurs Allemands. Le Roi ne les auroit pas approuvées, s'il avoit pû fentir combien elles excitoient de haines vives parmi les Allemands & les autres étrangers contre fa domination.

Nouvelles défenfes des jeux de hazard, mais mal obfervées.

Nouveau million de rente, créé malgré la paix fur la ville au denier vingt par vingt millions ; non pour faire des ligues défenfives, mais pour faire des fortifications, & pour bâtir Verfailles.

A N N E´ E   1681.

On commença à tranfporter des marchandifes par le Canal de Languedoc, depuis la Garonne jufqu'au port de Cette dans la Méditerranée. Ce font les héritiers de Mr. Ricquet qui ont foin de l'entretenir, & qui reçoivent les droits de péage réglés pour chaque marchandife, pour chaque bâteau &c.

Le canal d'Orléans qui de la Loire paffe par le canal d'Orléans, & vient dans la Seine vers Montargis, fut d'abord entrepris par une Compagnie

qui

qui en jouït trente ans au droit de feu Monfieur frére du Roi. C'eft préfentement M. le Duc d'Orléans qui en perçoit les droits, qui lui valent près de cent-mille onces d'argent par an tous frais faits.

Il n'y a point affez de ces Canaux en France; ce feroit à l'Etat à en avancer les premiéres dépenfes. Ils faciliteroient infiniment le commerce qui enrichit le vendeur, en lui procurant plus de débit de fes denrées, & qui enrichit l'acheteur & le confommateur qui achettent beaucoup moins cher les denrées tranfportées par un Canal, que fi elles avoient été tranfportées par charroi.

Mais il faudroit que le bureau perpétuel qui aura foin des chemins, eût auffi l'infpection des Canaux. 1°. Pour faire préférer ceux qui font plus avantageux. 2°. Pour faire récompenfer les inventeurs & Ingénieurs qui donneroient les projets les plus importants & les mieux démontrés. 3°. Pour décider ou faire régler par des Commiffaires, les dédommagements, & lever les obftacles du commerce par leurs décifions. 4°. Pour faire diminuer fuffifamment les droits de péage.

La conftitution préfente des Etats ne permet

met pas à chacun des Miniſtres particuliers,
d'avoir ſous leur direction chacun quatre ou
cinq bureaux pareils d'hommes choiſis par ſcrutin entre leurs pareils, pour leur aider à bien
gouverner les affaires de leur Miniſtére. Ainſi, juſqu'à ce que dans chaque Etat il y ait,
à proportion du nombre de ſes habitants, divers pareils Conſeils conſultatifs, il ne faut
point ſe plaindre, ni des Souverains, ni de
leurs Miniſtres, ſi la police eſt ſi lente à ſe perfectionner. Eſt-il raiſonnable de leur demander, de faire eux ſeuls des découvertes & des
travaux, que cent-cinquante Conſeillers habiles & autant de grands génies laborieux, ſoit
de la Capitale, ſoit des Provinces, auroient
bien de la peine à faire eux-mêmes avec tout
leur calme & tout leur loiſir ?

Ce n'eſt pas qu'il n'y ait dans un Etat, ſur-
tout dans un grand Royaume, quantité de génies puiſſans, laborieux, méditatifs, inventifs,
très propres à ſecourir ceux qui gouvernent,
particuliérement s'ils étoient ſouvent en conférences, aiguiſés par la contradiction des uns,
encouragés par la louange des autres : mais il
y a un grand obſtacle à l'établiſſement de ces
Conſeils conſultatifs : c'eſt la jalouſie naturelle

des

des Miniſtres, qui à l'imitation du chien du jardinier, ne veulent pas permettre que d'autres faſſent dans leurs Conférences des examens qu'ils ne ſauroient faire eux-mêmes dans leur cabinet.

Il eſt pourtant vrai, que ſi un Roi, pour former un pareil établiſſement, commençoit par donner à chacun de ſes Miniſtres vingt-mille onces d'argent de penſion pour lui & pour ſes enfants, afin de les engager à lui aider à le former, il en viendroit facilement à bout.

Il arriva cette année pluſieurs ſujets de diſputes avec la Cour de Rome. Le principal fut le droit de Régale, que le Pape Innocent XI. conteſtoit à Louis XIV. Ils ne finirent que long-tems après.

Les Souverains d'Europe ſe ſervirent cette année de deux événements pour prouver que le Roi vouloit toujours augmenter ſon territoire contre la juſtice aux dépens de ſes voiſins, & qu'il ne vouloit pas ſe contenter de la grandeur de ſes Etats. Il ſurprit Strasbourg ſur le Rhin, & acheta Caſal ſur le Pô du Duc de Mantouë.

Louvois fut ravi de lui faire perdre toute penſée d'augmenter le bonheur de ſes ſujets

par

par la durée de la paix. Il ne comptoit pour rien d'affurer la tranquillité de l'Europe : de forte que dès ce tems-là , plufieurs Etats recommencérent à faire des Ligues défenfives & offenfives contre lui, tandis que Louvois excitoit fa colère contre tous ceux qui fe liguoient. Il avoit même l'art de fâcher les voifins du Roi par des réponfes fiéres, hautaines, menaçantes : Ces voifins ne pouvoient faire moins que de s'en plaindre les uns aux autres. Il leur faifoit dans l'efprit du Roi, des crimes de leurs plaintes, & les difpofoit ainfi tous à de nouvelles ruptures.

Création de deux nouveaux millions de rentes au denier vingt fur la ville & fur les gages d'Officiers malgré la paix. C'étoit pour bâtir à Verfailles dans une fituation ingrate, au lieu de bâtir à Saint Cloud fur la Seine, ou à Charenton fur le confluent des deux riviéres.

Nul réglement pour diminuer nos maux, & pour augmenter nos biens ; c'eft cependant où vifent les bons Rois.

ANNÉE 1682.

Ce fut en 1682. que l'on établit les Compagnies de jeunes Gentilhommes deftinés pour les

Ann. Polit. I. part. R emplois

emplois de la guerre. Louvois fit des fonds pour en entretenir six cent.

Il falloit dans une compagnie de 150. Cadets, y établir cinq claffes de trente chacune, pour chambrer, conférer, manger, faire leurs exercices & leurs études enfemble, afin qu'ils puffent facilement reconnoître parmi eux, les plus moderés, les plus appliqués, les plus intelligens, les plus juftes, les plus bienfaifants, les plus polis, les plus éloquents, les plus patiens, les plus hardis, afin de nommer trois d'entr'eux lors que le Roi leur demanderoit leur choix par fcrutin, pour faire un Enfeigne ou un Lieutenant.

Dans les claffes de trente, il devroit y avoir trois Officiers élus par fcrutin, & d'une paye plus haute que la paye ordinaire.

Comme les mêmes monnoyes ont changé de valeur, & que les dix fols de 1682. valent feize fols de 1730. on devroit mettre la paye ordinaire de ces Cadets à feize fols, lors qu'on les remettra fur pied.

La Garnifon Efpagnole de Luxembourg fit quelques violences dans les villages de France. On s'en plaignit au Gouverneur des Pays-Bas Efpagnols : Il ne voulut point reparer le dommage.

mage. Louvois fit fi bien par fes difcours, & par les relations qu'il fe faifoit envoyer, qu'il s'attira un ordre de faire bombarder Luxembourg, ce qui fut promptement exécuté. Ce bombardement fit beaucoup de bruit en Europe, & parut comme une nouvelle déclaration de guerre; mais comme l'Empereur étoit menacé par les Turcs en Hongrie, Louvois n'eut pas le plaifir de voir recommencer la guerre cette année.

On rapporta alors un grand procès devant le Roi, dans lequel il porta, contre fes propres intérêts, un jugement qui lui fit beaucoup d'honneur.

Plufieurs bourgeois avoient demandé en différents tems aux Magiftrats de l'hôtel de ville de Paris, permiffion de combler les foffés & de rafer les remparts qui refferroient trop la ville de Paris, à condition d'élever des bâtiments fur ces emplacements. Les Officiers du Roi foutenoient, que ces places lui appartenoient, & demandoient, qu'attendu la jouiffance depuis plus de foixante ans, les maifons & les places lui fuffent adjugées : Les avis furent partagés. Alors le Roi dit, *Je vois bien que fi l'affaire ne me regardoit pas, il y auroit eu quelques*

                     avis

avis de plus en faveur des propriétaires ; ainsi, je me déclare pour eux contre le Domaine de ma Couronne. Il auroit pû tirer de ces places quatre ou cinq millions ; il en avoit alors grand besoin pour ses bâtiments de Versailles : ainsi la décision est très digne de louanges, & plût à Dieu qu'il eût fait usage de la même équité toutes les fois qu'il délibéra, soit sur les nouveaux impôts sur ses sujets, soit sur les déclarations de guerre contre ses voisins ! *Il fut juste & digne de louange ce jour là.*

On fit de nouvelles créations de rentes sur la ville ; cependant il n'y avoit plus de guerre.

Le Roi fit un réglement utile à l'Etat contre les assauts perpétuels que fait la Cour de Rome pour envahir tous les jours quelque degré d'autorité dans les Etats Catholiques. Il y eut une Assemblée de trente-quatre Evêques & d'autant d'Abbés au Château de Saint Germain, dans laquelle ils décidérent, *que les Rois, dans ce qui regarde leur temporel, ne sont soumis à aucune Puissance Ecclésiastique ; que le Pape ne peut en aucun cas dispenser leurs sujets du Serment de fidélité ; que la doctrine du Concile général de Constance dans les Sessions quatre &*

cinq

cinq sur l'autorité supérieure des Conciles Géné-
raux au-dessus du Pape même est incontestable,
& a toujours été la doctrine de l'Eglise de France.
Le Roi ordonna, que les Professeurs en Théologie, Religieux & autres, seroient tenus de si-
gner ces articles, avant que d'enseigner, &
cela fut enrégistré au Parlement, au grand con-
tentement des bons François & des bons Catholiques, le 23. Mars.

Mais il manque une chose, c'est que nuls
Religieux ne devroient enseigner la Théologie parmi eux, sans avoir permission du Procureur Général du Parlement, qui ne la donneroit qu'à ceux qui auroient signé ces articles : car il arrivera, que sans cette attention
continuelle, les Religieux, qui se croyent sujets du Pape, demeureront dans leurs erreurs
sur son autorité, & y entraîneront beaucoup
d'Ecclésiastiques & de Séculiers ; erreurs cependant très pernicieuses à la tranquillité de la
Nation.

A N N E'E 1683.

La Reine Marie-Thérése d'Autriche mourut à quarante-cinq ans, bonne Princesse,
douce, esprit médiocre, peu de crédit, ne se

R 3

mê-

mêlant de rien. On ne s'apperçut point de cette perte dans l'Etat ; à peine s'en apperçut-on à la Cour, fi ce n'eſt par les habits noirs ; & en général, ce n'eſt pas un mal pour un Etat, que les Reines, qui n'ont acquis dans leur éducation ni pénétration, ni juſteſſe, ni fermeté d'eſprit, n'ayent que peu de crédit ; & qu'elles ne ſe mêlent que de leurs domeſtiques. Marie - Théréſe eſt louable en ce qu'elle ſe conduiſit toujours avec une dignité & avec une pieté convenables à ſa condition.

Le Roi forma cette année trois camps du côté de l'Allemagne ; l'un en Bourgogne, l'autre ſur la Sarre, & le troiſiéme ſur la Saone, & les alla voir, ce qui ne pouvoit ſe faire ſans cauſer beaucoup d'inquiétudes aux Princes Allemands, & ſans le leur faire regarder comme un voiſin qui cherchoit l'occaſion de les envahir : Ainſi il donnoit à ſes voiſins de nouveaux ſujets de crainte, & par conſéquent de haine ; & c'étoit le principal but de Louvois, qui effectivement devenoit un Miniſtre néceſſaire à un Prince redouté & haï de toutes les Nations voiſines.

En ce tems-là, mourut Colbert Miniſtre des finan-

Finances, & qui avoit dans son département le commerce, les arts & les sciences. Il n'a point été remplacé depuis : car ceux qui sont venus à sa place, n'ont pas fait le quart des travaux, des réglements & des établissements qu'il fit sous son Ministére. Plût à Dieu, qu'il eût eu à gouverner l'Etat, sous un Prince qui se fût piqué d'une grande équité envers ses voisins & envers ses sujets, & par conséquent pacifique & pacificateur ! Il auroit fait quatre fois plus de bons & de beaux établissements : Mais pour le malheur du Royaume, le Roi écouta beaucoup davantage Louvois perturbateur du repos public, qu'il n'écouta Colbert pacificateur, dont les projets visoient à enrichir les particuliers & l'Etat, & à faire fleurir en France les Arts & les Sciences.

,, Ce que le Roi avoit fort souhaité arriva. Les Turcs attaquérent l'Empereur, & marchants avec supériorité, ils vinrent mettre le siége devant Vienne avec deux cent mille hommes. Le Duc de Lorraine Général de l'Empire, n'eut que le tems d'y jetter douze à treize mille hommes, & l'Empereur n'en fut pas plutôt sorti, qu'un détachement de Cavalerie des Turcs le suivit, & sans la précaution du

Mar-

Marquis de Sebeville Envoyé de France, qui en fuivant la Cour Impériale fit promptement rompre un pont qu'il venoit de paffer, & fur lequel les Turcs euffent paffé, l'Empereur eût été enlevé, lui & toute fa Cour.

Comme les Turcs ont peu de bons Ingénieurs, ils perdent beaucoup d'hommes inutilement, & beaucoup de tems dans les fiéges; & ce fut ce qui fauva Vienne : Car le Roi de Pologne Sobieski eut le loifir d'arriver avec quatorze mille chevaux, qui s'étant joints avec le Duc de Lorraine, qui commandoit quarante mille hommes, fit glorieufement lever le fiége avec beaucoup de perte de la part des Turcs.

On vit paroître une taxe qui tourmenta bien du monde dans le Royaume : ce fut la taxe fur les proprietaires de toutes les petites Ifles que forment les riviéres.

On vit encor une nouvelle création de cinq cent mille livres de rente fur la ville au denier vingt, dont le Roi tira dix millions pour fes bâtiments; mais on ne vit nul Edit utile pour l'Etat. Colbert étoit mort.

A N-

ANNÉE 1684.

Seignelai fils aîné de Colbert, nouveau Ministre d'Etat de la marine, jeune homme brulant du défir de plaire au Roi fon maître, & piqué de jaloufie de crédit contre Louvois, cherchoit avec ardeur quelque occafion pour faire craindre & refpecter la puiffance du Roi par mer, comme Louvois la faifoit craindre & refpecter par terre.

Et à dire le vrai, c'étoit la principale paffion de Louis XIV. que d'étaler fa grande puiffance, & par conféquent de fe faire craindre, fans faire réflexion que qui fe fait craindre fe fait haïr : Il fe gouvernoit cependant comme s'il eût adopté à l'égard de fes voifins & de fes fujets, la maxime d'un célèbre Tyran : *qu'ils me haïffent, pourvu qu'ils me craignent ; oderint, dum metuant.*

Comme la moindre réfiftance le bleffoit profondément, il facrifioit tout au plaifir de fe venger, & de montrer au public qu'il étoit redoutable. C'eft le goût des ames médiocres, de tous les enfants & de tous les hommes du commun, qui fe bornent à être regardés comme plus puiffants, comme plus redoutables,

& jamais comme plus grands bienfaiteurs que leurs pareils.

Ces hommes du commun, faute d'une bonne éducation, ne savent pas, & ne peuvent pas savoir, que ce n'est pas la grande puissance qui fait la grandeur & l'excellence de l'homme. Or quel est l'excellent usage de la puissance ? nous le connoissons tous ; c'est de pardonner à ceux même qui ne connoissant pas jusqu'où va nôtre puissance, cherchent à nous déplaire ; c'est de faire du bien à ceux même qui ne font aucun hommage à nôtre puissance, & à ceux qui ne se souviennent pas de nos bienfaits.

Telle est l'idée que nous nous formons d'un Etre infiniment puissant, & infiniment parfait.

Quelle est l'idée que nous nous formons de Satan, de cette méchante puissance invisible, qui est regardée comme l'ennemi mortel irréconciliable du genre humain ? N'est-ce pas l'idée d'une créature, qui veut surtout être crainte comme méchante & très puissante ? Belle ressemblance & digne d'un Conquérant terrible, que de ressembler à Satan !

Nos opinions sur Dieu puissant, & sur le Diable puissant, prouvent que nous savons respecter

pecter & aimer la puiſſance bienfaiſante, & craindre, haïr & déteſter la puiſſance malfaiſante.

Si un Roi puiſſant veut faire un uſage excellent de ſa puiſſance, imaginera-t-il de faire
ſouffrir beaucoup de dommages à ſes voiſins, &
de faire ſupporter beaucoup d'impoſitions ſans
néceſſité à ſes peuples? ne voudra-t-il pas au
contraire, leur rendre la vie douce, tranquille, & la plus agréable qu'il lui ſera poſſible?

Si je m'arrête tant à montrer que Louis XIV.
ne connoiſſoit pas la vraye gloire, la gloire la
plus précieuſe, qui conſiſte à imiter l'Etre parfait, & qu'il étoit idolâtre de la vanité, & de
la fauſſe gloire que l'on trouve à étaler ſa grande puiſſance; c'eſt que cette fauſſe gloire a été
ſon ſeul défaut, le principe de la plûpart de ſes
entrepriſes, qui a cauſé les plus grands malheurs de ſa vie, les plus grands malheurs de
l'Europe, & les plus grands malheurs de ſes
ſujets.

Seignelai pour rendre ſon maître plus redoutable, & pour le faire haïr comme une puiſſance
malfaiſante, alla bombarder Génes. Il eſt vrai
que le Conſeil de la République avoit préféré
en pluſieurs occaſions de plaire à la Monarchie d'Eſpagne, ennemie de la Monarchie de
Fran-

France ; mais elle avoit de bonnes raisons pour cette préférence. La plûpart des premiéres familles qui gouvernoient la République, avoient à prendre de grosses rentes sur le Milanez partie de la Monarchie d'Espagne. Les Espagnols les payoient exactement. D'ailleurs, le Roi d'Espagne étoit un voisin tranquille, doux, patient, exact dans ses promesses. Le Roi de France, au contraire, étoit regardé dans l'Europe comme un voisin difficile, inquiet, fier, hautain, turbulent, impatient, fâcheux, qui ne se tenoit pas lié par ses promesses, ou qui les interprétoit d'une maniére fort différente que ne les interprétoient les gens désintéressés, & telle qu'il n'auroit pas voulu que les autres eussent interprété celles qu'ils lui faisoient. Or il n'est pas étonnant, qu'en cas pareil une République préfére entre voisins le juste à l'injuste, le bienfaisant au malfaisant ; il en auroit fait lui-mème tout autant à leur place.

Tel étoit le tort des Génois à l'égard de Louis XIV. Ce tort étoit très pardonnable, & ce qui me le persuade, c'est que si l'on suppose ce Prince à la place des Génois, il en auroit aparemment usé comme eux, & n'eût pas cru mériter de punition ; mais faute de bonne éducation

cation & de bon conseil, il ne faisoit guéres souvent sur lui - même l'application de la premiére régle de l'équité naturelle ; *Ne faites point contre un autre plus foible, ce que vous ne voudriez pas qu'il fît contre vous, supposé qu'il fût à vôtre place, & très supérieur en puissance, & vous à la place du foible.*

Seignelai Ministre hardi, éloquent & ardent, persuada facilement à Louis XIV. qu'il falloit se venger de la préférence que cette République donnoit à l'Espagne : comme on vouloit lui donner le tort, Seignelai la traitoit d'ingrate envers le Roi, parce que les Rois prédécesseurs de Louis XIV. l'avoient soutenue quelquefois contre la puissance d'Espagne.

Ce qui me persuade que les sujets de plaintes du Roi contre la République de Génes n'étoient pas plus grands que ceux que le Roi avoit eut douze ans auparavant contre la République de Hollande, c'est qu'il ne parut dans le public aucun mémoire dans lequel on articulât ces sujets de plaintes ; nul auteur n'osa se charger de les expliquer, de peur de se faire moquer de lui ; & effectivement, cela méritoit - il de lever sur les peuples de France cinq ou six millions d'extraordinaire, pour cau-

ser

fer un dommage de dix millions aux Génois?

Seignelai ravi d'avoir obtenu l'ordre d'aller bombarder la ville de Génes, y alla avec quatorze vaiſſeaux commandés par lui ; car quoique Du-Queſne fût le Commandant naturel, & le premier homme de mer de France, Seignelai commandoit à Du-Queſne lui-même, puis qu'il repréſentoit le Roi comme Sécrétaire & Miniſtre d'Etat.

Du-Queſne fit jetter en deux fois près de dix-mille bombes qui brûlérent partie de la ville. Il fit une deſcente, & les François brulèrent le beau fauxbourg de St. Pierre-d'Arena où il y avoit quantité de Palais magnifiques ; & comme les Génois craignoient un nouvel embraſement, ils ſignérent ce que Seignelai voulut ; c'eſt à-dire, qu'ils s'obligérent d'envoyer leur Doge faire des excuſes & des ſoumiſſions au Roi, & lui demander pardon au nom de la République ; ce qu'ils exécutérent bientôt après. Il obtint même d'eux qu'ils donneroient cent-mille écus au Comte de Fieſque réfugié en France, ſon ami. C'étoit un deſcendant de ce Fieſchi illuſtre Génois, qui voulut ôter à Doria le gouvernement de la République, & qui fut noyé dans le commencement de la ſédition,

plus

plus de cent-trente ans auparavant.

Ce bombardement de Génes en 1684. & les foumiffions de la République en 1685. retentirent dans toute l'Europe, & c'étoit ce que s'étoit propofé le Roi ; mais il ne comprit pas combien cette entreprife le rendoit odieux, lui & tous les François, parmi toutes les Nations Chrêtiennes. Ce fut même un des motifs les plus puiffants, qu'employa quatre ans après le fameux Prince d'Orange, depuis Roi d'Angleterre, pour liguer toute l'Europe à Augsbourg, dans le deffein d'abattre la trop grande puiffance de Louis XIV. & de l'abattre au point, qu'aucun de fes voifins n'eût plus jamais rien à craindre de fa part.

Louvois qui de fon côté vouloit toujours fe ménager quelque guerre à conduire, fit attaquer & prendre Luxembourg ; l'Efpagne étoit trop foible, l'Empereur trop embarraffé contre les Turcs, les Hollandois trop épuifés, pour fonger à recommencer la guerre contre la France ; ainfi il y eut une trève de vingt ans, que fignérent l'Empereur & Louis XIV. à condition que Strasbourg demeureroit uni au Royaume de France comme le refte de l'Alface.

On créa encore cinq-cent-mille livres de

ren-

rente pour augmentation de gages, & un million de rente fur la ville au denier vingt, &
puis encore douze - cent - mille livres de rente auffi fur les Aydes & gabelles ; cela faifoit
cinquante - quatre millions au denier vingt. Le
Roi augmentoit ainfi les impofitions annuelles
de deux millions fept - cent - mille livres, &
ruinoit peu - à - peu le Royaume.

Il eft vrai qu'il dépenfoit beaucoup en fortifications ; mais il auroit pû s'épargner cette
dépenfe, s'il eût voulu joüer dans l'Europe le
rôle de pacificateur & de pacifique, le plus
beau rôle qu'il eût jamais pû joüer ; & c'eft
ainfi, qu'au lieu d'être toujours prêt à fe déclarer contre le premier attaquant, afin d'empêcher toute hoftilité, il étoit lui - même toûjours le premier à commettre des hoftilités.

Un Prince qui durant vingt ans auroit acquis la réputation de jufte, de patient, de
modéré, auroit pû, fans donner aucun ombrage à fes voifins, demeurer puiffamment armé,
non pour envahir aucune partie du territoire
de fes voifins, mais pour empêcher le plus
fort d'en venir aux mains avec le plus foible. Un tel Prince auroit reçu mille bénédic-
tions de toutes parts, & de toutes les Nations

du

du Monde. Quélle belle réputation d'équité,
de droiture, de fageffe, de puiffance & de bonté il eût laiffée en Europe, & parmi toutes les
Nations de la terre ! au lieu de la réputation
de terrrible, de haïffable qu'il a laiffée ; &
tout cela ne vient que de faute d'une éducation raifonnable, où il eût appris à connoître, à difcerner la véritable gloire, de
la gloire vaine & fauffe que cherche le vulgaire.

A N N E' E 1685.

Cette année mourut à 83. ans le Chancel-
lier Le Tellier. Il avoit été dans fa jeuneffe
Avocat du Roi au Châtelet ; & comme il avoit
beaucoup de mémoire & de vivacité d'imagination, il y acquit la réputation d'homme
d'efprit, avec laquelle il commença fa fortune,
en devenant premier Commis d'un Miniftre,
puis Sécrétaire d'Etat de la guerre fous le
Cardinal Mazarin.

Il n'eut durant fa vie que le même but
qu'ont les hommes du commun dans la leur,
& ce but fut d'enrichir fa famille & d'augmenter fon pouvoir tous les jours par des charges,
par des emplois, par des alliances, par des ri-

cheffes , par des dignités , & furtout par la faveur du Roi.

Pour moyens d'y arriver , il n'eut que deux
maximes principales , qu'il fuivit conftamment
& exactement tous les jours ; c'étoit d'étudier
mieux que fes rivaux , toutes les chofes qui
déplaifoient à celui qui gouvernoit, pour les éviter , & toutes les chofes qui lui plaifoient , &
celles qui lui plaifoient le plus , pour les rechercher avec foin dans l'étendue de fon Miniftére. Le fecond fut, de détruire finement ,
doucement & lentement dans l'efprit du Maître, tous ceux qui entroient en quelque faveur.

Un Miniftre général ne pouvoit pas fouhai-
ter un valet plus affidu , plus attentif à le
loüer & à lui plaire par fon travail & par fa
modeftie : car les bons expédients qui lui venoient à l'efprit , & que le Miniftre général
adoptoit, il les donnoit dans la fuite tous
entiers à ce Miniftre général. C'eft de cette
maniére qu'il s'attira beaucoup de graces qui
l'enrichirent , & qui avec le fecours de fa grande épargne augmenta infiniment fes richeffes.
Ainfi il recevoit volontiers les louanges qu'on
lui donnoit fur la modeftie de fa table & de
fes équipages.

Pour

Pour intéreſſer davantage ſon Maître à la
fortune de ſon fils, il avoit trouvé le moyen
de perſuader à ce Prince, que c'étoit l'éléve
du Roi même & ſa créature, & qu'il n'avoit
de lumiéres, que celles qu'il empruntoit du
Roi. Cela étoit venu au point, que c'étoit le
Roi qui prenoit ſoin de raccommoder le fils
avec le pére, quand le pére paroiſſoit mé-
content de la conduite de ſon fils : C'étoit,
je crois, le Courtiſan le plus fin & le plus
adroit flateur qui eût depuis longtems paru à
la Cour : mais il n'avoit nul trait de bon citoyen, & traitoit de ſottiſe la juſtice elle-
même, & l'amour du bien public, quand ils
ſe trouvoient oppoſés à l'augmentation de ſa
fortune.

Il ne ſoupçonna jamais, que le but le plus
déſirable fût autre choſe qu'une grande place
& un grand pouvoir pour lui & pour les ſiens.
Il ne fut jamais perſuadé que le bon, que l'excellent uſage de ſa place & de ſon pouvoir
pour l'augmentation du bonheur public, fût
préciſément ce qu'il y avoit de précieux. Il
faiſoit peu de cas de l'homme vertueux ; il
n'eſtimoit que l'habileté à faire une grande fortune : S'il viſoit quelquefois au bien pu-

blic,

blic, c'étoit toujours uniquement son bien particulier, ou l'augmentation du bien de sa famille, qui étoit le dernier terme auquel il ra-
menoit toutes ses vues. Il traitoit d'esprits solides ceux qui pensoient comme lui, & d'esprits visionnaires ceux qui négligeoient leurs intérêts particuliers, pour procurer de grands avantages à leur patrie. La Cour des Rois du
commun est toute peuplée de gens de ce caractére vulgaire.

Il n'a jamais contredit le Roi, parce qu'il
ne songeoit qu'à lui être agréable ; ainsi il ne
lui a jamais montré aucune vérité, quand
il pouvoit soupçonner qu'elle lui seroit désa-
gréable.

Il scèla peu d'heures avant sa mort la ré-
vocation du fameux Edit de Nantes, qui
fut suivie de tant d'Edits, de Déclarations,
d'Arrêts du Conseil, d'ordres différents qui dé-
générérent dans la suite en une véritable persécution contre les Calvinistes.

Les Catholiques qui raisonnoient le plus sen-
sément, disoient, que le but du Roi, qui vi-
soit à diminuer cette Secte dans son Royaume,
étoit raisonnable & d'un Prince prudent ; mais
qu'il ne falloit pas prendre des voyes si prom-
tes

tes & si éclatantes, de peur d'obliger cinq cent mille familles à sortir du Royaume avec leurs effets, leurs métiers & leur industrie, pour aller fortifier nos ennemis à nos dépens, & les fortifier d'autant plus, qu'ils sortiroient la rage dans le cœur, contre la dureté & l'injustice du Gouvernement. Les événements fâcheux n'ont que trop justifié, que cette playe a furieusement affoibli l'Etat, & décrié de ce côté-là parmi les autres Nations d'Europe, la fausse politique du feu Roi, fondée sur l'intolerance injuste & persécutante.

Les loix de la République de Hollande contre les Catholiques ne sont pas moins dures, car il ne leur est pas permis d'avoir des Temples publics ; mais le Magistrat de police a ordre secret de les tolérer, & de les laisser s'assembler dans des maisons particuliéres, & même de les protéger comme les autres citoyens, tant qu'ils feront bien obéïssants aux réglements politiques : & à dire le vrai, cette tolerance des Hollandois me paroît très sage & très prudente.

Les Catholiques font des présents aux Magistrats de police de Hollande, en considération de cette tolerance : en France, les Cal-

viniftes fages , pour être tolerés par leurs Curés , leur donnent des aumônes à diftribuer aux
pauvres de leur paroiffe ; ce qui eft une conduite encor plus utile à la focieté.

A N N É E 1686.

Le Prince d'Orange prétendoit avoir perfonnellement à fe plaindre du Roi , tant à l'égard
de fa Principauté d'Orange , que du traitement
que Heinfius fon Intendant avoit reçu en France. On dit même qu'il avoit été piqué de quelques paroles méprifantes qui étoient échapées au
Roi fur fon fujet : ainfi il propofa aux Hollandois un projet pour fe venger de la guerre
de 1672. Ce projet étoit de former contre lui
une puiffante ligue , & elle fe forma depuis à
Augsbourg. Elle ne fut d'abord propofée que
comme défenfive , mais dans le fond elle étoit auffi offenfive & il y avoit même réellement beaucoup plus de Princes Alliés qu'il n'en paroiffoit.

Les réunions des fiefs faites par les Chambres de Metz & de Brifac , avec fi peu d'égards
pour les Princes & pour la Nobleffe d'Allemagne , la furprife de Strasbourg , la prife de Luxembourg , la perfécution des Calviniftes , le
peu d'exactitude du Roi à tenir fes promeffes

dans

dans les anciens & dans les nouveaux traités : la guerre de 1667. faite contre l'Espagne, malgré les renonciations ; la dernière invasion de la Hollande, le bombardement de Génes ; tout cela avoit excité une haine presque universelle des Princes & des Nations d'Europe contre lui & contre les François ; de sorte que la Ligue fut presque aussi-tôt formée que proposée.

Ce furent les suites de cette Ligue qui commencérent les malheurs du Roi & du Royaume ; malheurs, qu'il auroit pû facilement éviter, *s'il s'étoit toujours piqué de ne rien entreprendre contre ses voisins de ce qu'il n'eût pas voulu qu'ils eussent entrepris contre lui, supposé qu'ils eussent été fort supérieurs en force* ; & s'il eût été assez sage pour préférer de beaucoup le titre précieux d'arbitre équitable, de puissant pacificateur des Nations Chrétiennes, & de grand bienfaicteur de l'Europe, au titre fastueux de conquérant, qu'il ne pouvoit acquérir sans être grand perturbateur du repos des autres Nations.

Dans ce tems-là mourut un Prince illustre par ses grands talents pour la guerre, par son grand courage & par plusieurs victoires. Ce

fut

fut le Prince de Condé, qui gagna quatre batailles durant la Régence de Louis XIV., mais
qui durant cette même Régence se mit follement
à la tête des rebelles, & puis faute de
rebelles, se mit à la tête des Espagnols, alors
ennemis de l'Etat.

Il a vécu 27. ans depuis la fin de sa révolte, & s'en repentit bien. Il avoit beaucoup
d'esprit naturel, & même beaucoup de connoiffances pour un Prince ; mais son impatience
naturelle, que l'on n'avoit pas eu soin de
dompter dans son enfance & dans sa premiére jeuneffe, le rendit inconftant, léger, peu
uniforme dans sa conduite. Il ne fut pas toujours heureux dans ses entreprifes, ni toujours
jufte avec ses amis.

Il étoit plus colére qu'un autre, c'eft-à-dire, auffi colére & auffi courageux qu'Aléxan-
dre ; & c'eft pour cela que les grands périls ne
lui ôtoient rien de son esprit, & ne faifoient
que lui fournir plus d'expédients pour en fortir, & lui donner plus de difcernement pour
choifir sur le champ les meilleurs partis. Mais
dans les Confeils, il donnoit trop à l'humeur
& à la force, & trop peu à la raifon, qui demande que l'on se donne le loifir de péfer sans

pré-

prévention & avec exactitude les inconvénients & les avantages de chaque parti.

C'étoit cette même impatience qui le rendoit quelquefois injuſte dans le commerce. Il n'étoit point accoutumé dès ſon enfance à faire application de la premiére régle de l'équité naturelle, ſi ce n'eſt dans les dix derniéres années de ſa vie, qu'il paſſa dans ſon Château de Chantilli, où il n'avoit point de contradiction à ſouffrir.

S'il eut eu la patience de Mr. de Turenne, & ſi M. de Turenne eut eu la ſupériorité d'eſprit de M. le Prince, ils n'auroient jamais pris parti contre le Roi; & tous deux ſeroient parvenus à être de grands hommes; au lieu qu'ayant injuſtement contribué à déchirer leur patrie, & à lui cauſer de grands maux par des guerres civiles, ils ne pourront jamais être mis par les connoiſſeurs qu'au rang des hommes illuſtres.

Le Roi qui aimoit fort les honneurs d'éclat, & que les étrangers remportaſſent une grande idée de ſa puiſſance & de ſa magnificence, fut fort aiſe de voir arriver les Ambaſſadeurs de Siam dans ſes vaiſſeaux : mais comme cette Ambaſſade avoit été mandiée, les Princes voi-

ſins

fins firent des railleries de fa vanité, & difoient; Il peut bien leur montrer des effets de
fa magnificence, mais leur montrera-t-il beaucoup d'effets de fa bonté envers fes peuples &
de fa juftice envers fes voifins? Ces Ambaffadeurs diront-ils au Roi de Siam, que ni les
François ni les Nations voifines ne fe plaignent
de lui, & que tous fe loüent de fa juftice &
de fa bienfaifance? C'étoit pourtant ce qu'il
y avoit à dire de grand, & de véritablement
grand, pour donner l'idée d'un grand Prince,
qui fait faire un excellent ufage de fa grande
puiffance.

Sera-t-il bien loüé quand ces Ambaffadeurs
diront au Roi de Siam; Il eft très puiffant, il
eft très magnifique en tout; mais il eft mauvais pére de fon peuple & très mauvais voifin:
vous êtes heureux de n'avoir pas un pareil
voifin?

Le Chancelier Boucherat fcèla l'Edit pour
mettre les portions congruës des Curés à trois
cent livres au lieu de deux cent. La chofe étoit
jufte, en ce que dans le fonds, lors de l'ancien
réglement, deux cent livres valoient les trois
cent livres de l'année 1686. parce que le marc
d'argent avoit pour lors augmenté de plus d'un

tiers

tiers en livres numéraires ; mais par l'augmentation arrivée depuis aux monnoyes, les penſions congruës, au lieu d'augmenter, ont diminué, & communément ne ſont pas ſuffiſantes pour entretenir de bons ſujets dans les cures. Un bon Chancelier autoriſé les faira à quatre cent livres.

A N N E' E 1687.

Le Pape Odeſcalchi Innocent XI. fils d'un banquier de Milan, fut preſque durant tout ſon Pontificat brouillé avec Louis XIV. malgré tout ce que le Roi faiſoit contre les Calviniſtes. Il excommunia l'Ambaſſadeur de France Lavardin, & publia, mais en vain, l'interdiction de l'Egliſe de Saint Louis à Rome, où l'Ambaſſadeur alla toujours entendre la Meſſe. Mr. Talon Avocat Général du Parlement de Paris, publia, au nom du Roi, un appel au futur Concile général de cette excommunication & de cette interdiction.

Ces ſortes d'appels au futur Concile ſont une forte barriére contre les prétentions injuſtes, & contre les tentatives perpétuelles que fait la Cour de Rome pour uſurper quelque choſe de l'autorité ſouveraine dans les Royaumes

Ca-

Catholiques ; car le Concile général eſt ſupérieur au Pape.

Ce fut cette année que feüe Madame de Maintenon établit la maiſon de Saint Cyr dans le grand parc de Verſailles, pour y élever *gratis* deux cent-cinquante pauvres Demoiſelles, & leur donner une éducation beaucoup meilleure qu'elles n'euſſent pû avoir chez elles, ou dans les Couvents. Elle alloit paſſer là tout le jour, & ne revenoit à ſon appartement de Verſailles, qu'à l'heure que le Roi revenoit de la chaiſe.

Le Roi fit faire les bâtiments, il fit acheter les meubles, donna une groſſe rente ſur l'Hôtel - de - Ville de Paris ; & ce qu'il fit de mieux, ce fut d'unir à cette maiſon le revenu de la menſe abbatiale de l'Abbaye de Saint Denis, qui vaut plus de trente mille onces d'argent ; & il auroit encore mieux fait, d'y unir encor d'autres menſes abbatiales, & ſur - tout les menſes abbatiales de ces groſſes Abbayes de Flandres qui ne peuvent pas être mieux employées, qu'à donner une éducation vertueuſe à la Nobleſſe ; & cela fait déſirer que les Rois ſes ſucceſſeurs obligent les riches Communautés à former des Colléges de filles & des Colléges de garçons, ou du moins qu'ils uniſſent

beau-

beaucoup de ces riches menfes abbatiales à ces Colléges , afin de perfectionner l'éducation de la pauvre Noblesse.

Il parut cette année un réglement qui défendoit les jeux de hazard , mais il ne fut point exécuté , parce que feu Mr. Colbert n'avoit pas eu le loifir de former dans tous les Parlements , des Compagnies pourfuivantes affez puiffantes & affez intéreffées par les amendes , pour faire exécuter toutes les ordonnances de police , & pour faire punir tous les crimes qui méritent punition. Or des ordonnances qui ne pourvoyent pas fuffifamment à leur exécution , ne font pas des loix fuffifamment fages : ce ne font de la part des Légiflateurs que de bons défirs , qui montrent à la vérité leurs bonnes intentions , mais qui prouvent le peu d'habileté de leurs Confeils & de leurs Miniftres.

Et à cette occafion , je dirai à la honte du gouvernement préfent , que l'on tolère encor aujourdhui publiquement deux jeux de hazard ; l'un à l'Hôtel de Soiffons , qui rapporte au Prince de Carignan vingt-cinq mille onces d'argent ; l'autre chez le Gouverneur de Paris : & c'eft-là que fe rendent tous les jours , d'un côté les fripons & les filoux , & de l'autre quantité

tité de jeunes dupes, Officiers, fils de famille, des Commis, des Maîtres d'hôtel, des valets de chambre, qui jouent & qui perdent l'argent de leurs parents, de leurs maîtres, & même de leurs Régiments, & qui après avoir commencé à être dupes, finissent la plûpart par devenir fripons.

Or, n'est-il pas de la bonne police d'empêcher de semblables désordres? & ne vaudroit-il pas mieux que le peuple payât par les tailles ou par les entrées au Prince de Carignan & au Duc de Gesvres, à chacun cinquante mille écus par an durant leur vie, que de soufrir des jeux pernicieux qui corrompent la jeunesse, & qui déplaisent si fort aux gens sages, & aux bons citoyens?

Les pirates d'Alger recommencérent leurs pirateries malgré leurs traités précédents. Le Marquis d'Anfreville Chef d'escadre en prit un, & en coula un autre à fond, & obligea ainsi les Algériens d'observer plus exactement leur trêve.

L'Electeur de Baviére & le Duc de Savoye allérent cette année passer le Carnaval à Venise, & y signérent secrétement leur accession à la fameuse ligue d'Augsbourg, composée de presque

que tous les Souverains d'Europe. Le Roi Louis XIV. étoit parvenu à faire trembler tous fes voifins par fa puiffance, par le défir qu'il avoit de s'agrandir, & par le peu d'exactitude à tenir fes promeffes.

Leur grand nombre & leur étroite union commencérent à le faire trembler lui-même à fon tour, lui & fes Miniftres.

Nous ne vimes cette année qu'un réglement qui regardât le bien public. Ce fut le réglement contre les mendiants: mais comme c'eft une maladie toujours renaiffante dans un grand Etat, & que l'on ne forma point de bureau perpétuel fuffifamment intéreffé à faire ceffer perpétuellement la mendicité, on ne vit prefque aucun effet de ce réglement.

A N N E´ E 1688.

On vit cette année le plus grand évenement qui fût jamais arrivé en Europe depuis longtems; ce fut le débarquement du Prince d'Orange en Angleterre, à caufe des grandes fuites qu'il eut, & de la longue & facheufe guerre qu'il fit naître contre la France, en mettant en action contre le Roi, tous les Souverains qui étoient entrés dans la ligue d'Augsbourg.

Le

Le Prince d'Orange avec environ quarante vaiſſeaux de guerre, grand nombre de vaiſſeaux de tranſport, & environ dix-huit mille hommes de troupes de débarquement, fit ſa deſcente dans la baye de Torbay & aux rades voiſines au Sud de l'Angleterre, le 15. Novembre 1688. pour chaſſer le Roi Jacques ſecond ſon beaupére du trône d'Angleterre, dans lequel il s'étoit fait haïr de tous ſes ſujets proteſtants, par l'exceſſive déférence qu'il eut pour les deſirs de la Reine ſa femme Catholique de la Maiſon de Modéne, & par le peu d'égard qu'il eut ſouvent depuis la mort du Roi ſon frére, pour les Loix qui regardoient la Religion Romaine.

Le mécontentement général de la Nation contre quelques ordonnances publiées ſans conſulter ſon Parlement, fit, qu'à l'arrivée de ſon gendre dans le Royaume, les Magiſtrats, les Officiers, les troupes, ceſſérent de lui obéir. Ainſi il ſe vit obligé d'abandonner ſon pays & de s'enfuir en France du conſentement tacite du Prince ſon gendre.

Le Comte de Sunderland, eſprit ſouple & ambitieux, premier Miniſtre de Jacques, lui avoit fait entendre fauſſement, qu'il ſe déclareroit un jour volontiers pour la Religion Ca-
tholi-

tholique Romaine ; mais qu'il falloit attendre qu'elle fût établie par les loix au même point de tolérance que le Calvinifme ; ainfi il vouloit aller lentement, lui qui connoiffoit la Nation : Au contraire, la Reine qui ne la connoiffoit point, vouloit aller trop vite. Elle étoit gouvernée par le Pére Peters Jéfuite fon Confeffeur, & elle gouvernoit fon mari. Ce fut dans cette fituation que Sunderland réfolut de mettre le Prince d'Orange fur le trône d'Angleterre pour conferver fa place de Premier Miniftre.

Ainfi en fuivant ce plan, il concerta avec le Prince d'Orange, par un homme de confiance, le projet du débarquement ; & comme les Hollandois, qui étoient des premiers entrés dans la Ligue d'Augsbourg, voyoient que ce débarquement étoit abfolument néceffaire au fuccès de la Ligue, ils s'y prêtérent comme à leur propre affaire ; & d'un autre côté Sunderland fe prêta aux fentiments de la Reine, pour faire faire au Roi Jacques grand nombre d'imprudences capables de revolter la Nation, & entr'autres, il propofa l'emprifonnement des fept Evêques qui avoient réfifté à une ordonnance du Roi.

Ann. Polit. I. part.   T   Cette

Cette affaire fit fi grand bruit, que ceux qui connoiſſoient l'état des affaires d'Angleterre, ſans ſonger même à l'armement du Prince d'Orange, diſoient tout haut : Le Roi Jacques va bientôt être chaſſé, puiſqu'il ébranle & qu'il choque l'Egliſe Anglicane qui eſt ſon plus ferme appui.

Pour endormir le Roi d'Angleterre ſur cet armement, le Prince d'Orange faiſoit courir le bruit qu'il étoit deſtiné pour les côtes de France, afin d'y faire une grande diverſion, d'y faire rétablir le Calviniſme, dans le tems que la France feroit attaquée de tous côtés ; car effectivement tous ſes voiſins devoient l'attaquer en même tems chacun de leur côté, & cela arriva. La France ſe trouva environnée de tant d'ennemis, que l'on faiſoit dire avec raiſon au Prince d'Orange après la ligue d'Augsbourg, que pour la ſûreté de l'Europe, il ne faloit pas moins qu'aſſiéger la France.

Il eſt vrai que le mauvais traitement des Calviniſtes de France, fut une conjoncture très favorable pour donner cours à l'opinion du débarquement ſur les côtes de France. Sunderland l'appuyoit en trompant Barillon Ambaſſadeur de France en Angleterre, & ce fut pour cela,

que

que le Roi Louis XIV. fit partir des troupes pour Normandie, pour Bretagne, & pour les côtes de la Rochelle.

Il avoit deux moyens fûrs pour empêcher l'effet de cet armement, dont il étoit averti depuis plus de fix mois par d'Avaux fon Ambaffadeur en Hollande. Le premier étoit d'armer en Ponant, à Rochefort, à Breft, au Havre, & de faire paffer de Toulon en Ponant une efcadre toute armée. Le Roi pouvoit ainfi feul avoir facilement foixante vaiffeaux, & tenir la mer, tandis que les quarante vaiffeaux Hollandois feroient armés. C'étoit l'avis de Seignelai; mais Louvois, le plus accrédité des Miniftres, s'y oppofoit fortement.

Le fecond étoit de faire camper une armée de quarante ou cinquante mille hommes vers Luxembourg, prête à marcher vers Maftricht; car alors les Hollandois n'auroient jamais laiffé partir ni le Prince d'Orange, ni dix-huit mille hommes de leurs troupes pour l'Angleterre. L'invafion de 1672. leur étoit encore trop préfente; il étoit même à propos, que le Roi employat en même tems ces deux moyens; mais il n'en prit aucun. Louvois le déconfeilla d'armer par mer, de peur d'augmenter le cré-

dit de Seignelai son rival, & afin de pouvoir
plus facilement faire un plus grand armement
par terre : au lieu de faire marcher des troupes
vers Maftricht, il prit imprudemment le parti
de les faire marcher vers Philipsbourg fous le
commandement du Dauphin qui avoit alors
vingt-fept ans.

Les Hollandois délivrés de la crainte de Maftricht pour cette année, fuivirent le plan de
l'invafion de l'Angleterre , pour revenir l'année fuivante avec plus de forces & plus d'Alliés inveftir la France de tous côtés, & lui ôter
tout moyen de leur nuire jamais. C'étoit engager la France dans une longue guerre ,
mais c'étoit précifément le but où vifoit Louvois.

On dit que le Roi lui ayant donné à fon
profit les droits fur la pofte des lettres des
pays étrangers , qui lui valoient deux cent mille
onces d'argent par an , il traita avec hauteur
l'Ambaffadeur du Duc de Savoye, au fujet de
quelque conteftation fur ces droits. Ce mauvais traitement avoit déja déterminé ce Prince à entrer dans la ligue d'Augsbourg. Louvois trouva, à la vérité, moyen de le chagri-
ner beaucoup durant la guerre ; mais tout cela

la étoit aux dépens du Royaume & du Roi, qui n'avoit pas compté fur tant d'ennemis.

Le Roi, qui bâtiffoit, qui fortifioit & qui fe préparoit à une nouvelle guerre, emprunta vingt millions, en créant un million de rente fur les Fermes générales payables à l'hôtel de ville de Paris.

A N N E´ E 1689.

Durant l'hyver & le printems, Louvois qui par fes hauteurs infultantes & menaçantes avoit attiré au Roi plus d'ennemis que les forces de la France n'en pouvoient foutenir, informé que les Allemands malgré la guerre contre les Turcs auroient cent mille hommes de bonnes troupes fur le Rhin fous le commandement du Duc de Lorraine, Général habile, qui avoit acquis beaucoup de réputation contre les Turcs, ne fongea plus qu'à la défenfive.

D'un côté il munit les places qu'il avoit prifes contre les Allemands, Mayence, Bonn, Kaiferfwert ; & de l'autre, il fongea à brûler & ruiner tellement les campagnes & les petites villes Allemandes en deça du Rhin, que les grandes armées des Impériaux n'y pouvant fubfifter & en tirer aucun fecours, ils

T 3

fuffent

fuſſent obligés de porter par charettes tous leurs vivres & leurs fourages, & de ſe laſſer ainſi de l'extréme dépenſe qu'il leur faudroit faire pour aſſiéger Strasbourg ou d'autres places. Il exécuta ſon projet avant que les Allemands fuſſent en campagne, & l'on vit alors avec ſur-priſe & avec peine, les incendies & les pilla-ges que ſoufrirent une infinité d'habitans de la frontiére d'Allemagne.

Il eſt vrai que le Roi avoit été le premier agreſſeur, & que par les entrepriſes injuſtes faites depuis vingt-deux ans par le conſeil de Louvois contre ſes voiſins pour agrandir ſon territoire, il s'étoit ſans néceſſité attiré tous ces ennemis, & les avoit tous réünis contre lui par la ligue d'Augsbourg, comme contre un grand uſurpateur, & comme le plus grand per-turbateur du repos de l'Europe qui eût paru depuis Charles-Quint. Ainſi on pouvoit lui im-puter tous ces malheurs, puis qu'il n'auroit jamais été forcé à tous ces incendies, s'il avoit ſuivi cette régle générale d'équité à laquelle les Rois mêmes, qui veulent avoir une bon-ne réputation, ſont étroitement aſſujettis : *Ne faites point contre aucun de vos voiſins ce que vous trouveriez injuſte, & ce que vous ne vou-*

driez

driez pas qu'ils fiſſent contre vous, ſuppoſé que vous fuſſiez à ſa place & inférieur en forces, & qu'il fût à la vôtre & ſupérieur en forces.

Il ne fit aucun uſage de cette maxime fondamentale dans la guerre de 1667. Car s'il eût été à la place du Roi d'Eſpagne, & le Roi d'Eſpagne à la ſienne, auroit - il trouvé juſte que malgré les renonciations ſolemnelles & fondamentales d'un traité de paix, & d'un traité de mariage, ſon voiſin plus fort lui eût enlevé pluſieurs villes ?

Mais pourquoi ne fit - on alors aucun uſage de cette régle ? C'eſt que pour en faire uſage contre ſon propre intérêt apparent, il eût fallu que le Cardinal Mazarin eût choiſi d'autres hommes pour ſon éducation que des hommes du commun, & qu'il leur eût ſur - tout recommandé de faire pratiquer dix fois par jour cette régle d'équité au jeune Roi, pour lui en donner l'habitude ; & plût à Dieu, tant pour ſon bonheur que pour le nôtre, qu'il fût ſorti de cette éducation avec cette ſeule importante habitude, de dire tous les jours à chaque entrepriſe, ſoit contre ſon peuple, ſoit contre quelcun de ſes voiſins : *Voudrois - je, ſi j'étois à leur place, qu'ils entrepriſſent choſe pareille con-*

tre

tre moi ? voudrois - je qu'ils manquaffent à leurs promeffes ?

Il auroit été le pacificateur de l'Europe, & un grand homme, adoré durant fa vie, & infiniment regretté après fa mort, & incomparablement plus qu'aucun Prince ne l'a jamais été, tant par fes propres fujets que par les Nations voifines ; il auroit été le modéle d'un parfait Souverain & incomparablement plus heureux qu'il n'a été.

Louvois avoit fait donner en 1683. l'adminiftration des Finances à Pelletier. C'étoit à la vérité un Miniftre vertueux qui cherchoit le bien public, mais peu de lumiéres, peu d'activité, peu de décifion, & fur-tout pas affez de dureté ; ainfi il déplaça Pelletier dès 1688. & plaça Phelippeaux de Pontchartrain, qui avoit moins de défintéreffement & moins de zéle pour le bien public : mais il étoit fort vif, fort décifif, fort actif & fuffifamment dur. Ainfi dans cette feule année de 1689. il fit dix-neuf Edits burfaux, fur le tabac, fur les confignations, fur les amortiffements, fur les boiffons, fur les monnoyes, fur la vaiffelle d'argent, fur les octrois, fur les cuirs ; des créations de rentes perpétuelles, de rentes viagéres, de nou-

veaux

veaux gages d'Officiers, de nouvelles charges de finances, de Maîtres des requêtes, de Greffiers, de Procureurs.

Ce Pelletier timide, trouvoit des difficultés insurmontables par-tout, c'est à dire, des injustices à faire faire au Roi. Pontchartrain plus hardi, n'en trouvoit nulle part, & croyoit se sauver de tout reproche en disant ce qui est vrai, *qu'il falloit quelquefois être injuste pour éviter un plus grand mal*; mais le reproche tomboit sur ce qu'il faisoit souvent mal à propos l'application de cette maxime.

Ces pillages & ces incendies faits de sang froid par les François, les firent extrémement haïr des Allemands, & hâtérent leurs délibérations à la Diéte, pour faire chacun de son côté les plus grands efforts, afin de ruiner un ennemi devenu cruel; car jusques là personne n'avoit ainsi fait la guerre, quoique ces incendies même puissent être permis en certains cas pour le salut & la conservation de la patrie.

M. Le Duc de Bourgogne ayant atteint sept ans, sortit d'entre les mains des femmes, & le Roi lui donna pour Gouverneur le Duc de Beauvilliers, & pour Précepteur l'Abbé de Fenelon,

de

depuis Archevêque de Cambrai, gens de mérite; mais il y eut plusieurs défauts dans cette éducation domestique.

1°. Ces deux hommes arrivoient tout neufs à cet emploi; or il est visible que s'ils avoient été exercés seulement depuis cinq ou six ans dans l'éducation des enfants, que s'ils avoient eu leurs histoires, leurs scénes, leurs leçons pour chaque jour toutes prêtes, que s'ils avoient eu un assez grand nombre d'officiers d'éducation sous leurs ordres, & une assez longue expérience de la portée de l'esprit, & de la vivacité des goûts des enfants, ils auroient eu beaucoup plus de facilité dans leur besogne, & qu'ils y auroient beaucoup mieux réüssi dans le même espace de tems. Voila ce qui regarde les Précepteurs ou Gouverneurs des enfants.

2°. On sait combien l'émulation est nécessaire aux hommes, & par conséquent aux enfants, pour les encourager au travail, tant pour égaler quelques-uns de leurs pareils de même âge, que pour les surpasser. Le Duc de Bourgogne n'en avoit point, & il lui falloit au moins une vingtaine de condisciples.

3°. Il faut qu'un Gouverneur ou qu'un Pré-

cepteur

cepteur Surintendant de l'éducation ait beaucoup d'officiers de l'éducation à fes ordres le
long du jour , l'un pour une chofe , l'autre
pour une autre ; arts , fciences , fcénes , hiftoires , difputes. Il ne faut point de contradiction ni de divifion entre un Gouverneur
& un Précepteur ; & comme c'eft une pratique journaliére & preffante, il faut dans l'éducation un Gouvernement purement defpotique.

4°. Comme les deux fréres de M. le Duc
de Bourgogne étoient d'âges différents , il falloit deux autres claffes de pareils, & à chacune un Gouverneur , & pareils officiers
de l'éducation déja exercés en d'autres édu-
cations.

5°. Il falloit qu'ils euffent tous le même plan
d'éducation & le même but , tel à peu - près
que je l'ai expofé dans un ouvrage exprès
pour perfectionner l'éducation des Dauphins :
Il falloit donner plus de tems aux habitudes les
plus importantes , à proportion de leur importance pour le bonheur du difciple, de fes parents & de fes fujets futurs. Or prefque rien
de tout cela ne fut exécuté ; mais l'habileté
du Précepteur y fuppléa en quelque forte, &
fit du Duc de Bourgogne un Prince d'une
grande

grande efpérance, que nous avons depuis beaucoup regretté.

ANNÉE 1690.

Les affaires du Roi Jaques alloient mal en
Irlande, parce qu'au lieu de porter de ce côté-là & du côté d'Angleterre tout l'effort de
la guerre, ce que propofoit Seignelai, Louvois
par jaloufie l'empêchoit. Le Roi y envoya trop
peu de troupes; elles manquoient d'artillerie,
de munitions, d'argent; cependant c'étoit un
coup de partie de conquérir l'Irlande, & de
donner moyen aux Jacobites d'Angleterre de
fe déclarer ouvertement, & de ménager les
efprits par des amnifties, & par des promeffes de ne plus rien faire que par l'aprobation
des Parlements, en renvoyant le Prince d'Orange, dont l'autorité étoit encore très mal affermie.

Alors le Roi Jaques rétabli eût été médiateur entre les Souverains alliés & le Roi, pour
empêcher toute action de la Ligue d'Augfbourg contre la France, & pour amener les Souverains à une paix, ou du moins à une longue trève; au lieu qu'en ne donnant pas au
Roi Jaques de fecours fuffifant, on donnoit au
Prince

Prince d'Orange les moyens de s'établir folidement, & de tirer de l'Angleterre les fommes
immenfes dont il fe fervit depuis à lever
des troupes innombrables d'Allemands contre
la France.

Seignelai ne put donc envoyer en Irlande
qu'un foible fecours, que le Marquis d'Aufre-
ville, Lieutenant-Général de la marine, y con-
duifit heureufement. Auffi l'armée du Roi Jaques fut-elle battue au paffage de la Boyne,
& les troupes Françoifes obligées de fe rem-
barquer l'année fuivante ; de forte que les
gens fenfés difoient qu'il eût mieux valu abandonner tout d'un coup l'Irlande dès le commencement, que d'y porter des fecours trop foibles.
Les plus habiles difoient, que c'étoit une grande faute contre la bonne politique ; c'eft que
Louvois vivoit encore.

Il fe donna en Flandres à Fleurus une bataille, où les François victorieux perdirent quatre mille hommes ; les Alliés en perdirent le
double. Ce ne fut rien de décifif, car nôtre
victoire ne nous procura aucune place nouvelle.

La victoire que le Maréchal de Catinat rem-
porta à Staffarde fur le Duc de Savoye fut
plus

plus décifive ; car il prit enfuite Cavours & Saluces.

Mr. Le Dauphin avoit fous lui en Allemagne le Maréchal de Lorges, qui avoit ordre, quoique fupérieur en troupes, de ne pas chercher à combattre.

Les Turcs prirent cette année plufieurs places en Hongrie, & entre autres Belgrade. Nous avions grand befoin d'une pareille diverfion.

La fédition de Bretagne caufée par les Edits burfaux étant calmée, le Roi fit revenir le Parlement de cette Province de Vannes à Rennes. La plûpart des membres avoient été foupçonnés d'avoir favorifé les féditieux, ou du moins de n'avoir pas employé leur autorité à la calmer. La punition les rendit plus fages, & par conféquent plus foumis aux ordres de la Cour.

Madame la Dauphine Baviére mourut cette année, & laiffa trois fils ; fa maifon coûtoit environ fix cent mille onces d'argent par an.

Seignelai mourut auffi & de débauches. C'étoit un homme d'efprit, hardi, éloquent, aimant le fafte, & ne fe connoiffant pas en gloire précieufe. Il donnoit dans toutes les vanités. Le Roi donna fa place de Sécretaire d'Etat de

la

la marine à Mr. de Pontchartrain Phelipeaux qui avoit déja le département des Finances.

Tous les réglements pour augmenter le bonheur de l'Etat, se réduisirent à des Edits bursaux, pour tirer de l'argent du peuple, au nombre de vingt-deux : mais nôtre maniére d'emprunter par la création des rentes sur la ville, & sur les hôtels des grandes villes, est certainement la meilleure, 1°. parce qu'il y a moins de frais pour le Roi, 2°. parce qu'il en paye moins d'intérèt.

Il est vrai que la création de nos rentes sur la ville, a été une bonne ressource durant quelque tems ; mais faute de payer tous les ans quelque chose sur le principal, l'Etat ne pouvoit point les rembourser, & par conséquent se libérer ; & ainsi l'Etat accumulant de nouvelles dettes sans en rembourser d'anciennes, perdoit tous les jours de son crédit.

Mais on peut remédier à cet inconvénient par les annuités à la maniére Angloise : c'est la seule maniére d'acquérir du crédit en tems de paix, pour en pouvoir créer de nouvelles en tems de guerre ; & c'est la seule maniére de détruire en France la pernicieuse engeance des Traitants, qui sont très nombreux, & qui s'enri-

chissent

chiſſent exceſſivement aux dépens du reſte du peuple, par leurs avances d'argent qui ſont ruineuſes pour l'Etat.

Anne'e 1691.

Louvois prit ſi bien ſes meſures, qu'il fit marcher près de cent-mille hommes en Flandres dès le mois d'Avril, avec quantité de vivres & de munitions. Mons place très forte fut attaquée vivement, & priſe en ſeize jours par le Roi, malgré les grandes forces des Alliés de la Ligue d'Augsbourg, parce qu'elles n'étoient pas encore raſſemblées.

Catinat de ſon côté prit Nice & Montmelian, mais nous perdimes le reſte de l'Irlande; & ce qui étoit de plus important, c'eſt que d'un côté nos forces & nos finances s'épuiſoient par nos efforts, & que les Turcs qui faiſoient en Hongrie une puiſſante diverſion en nôtre faveur panchoient à la paix.

Le Maréchal de Luxembourg donna le combat de Leuze, où les François perdirent le tiers de ce que perdirent les Alliés. Ce fut proprement un combat de Cavalerie, qui ne décida de rien, & où la Maiſon du Roi montra une extrême valeur.

Lou-

Louvois mourut subitement dans le mois de Juillet. Sa femme croyoit que l'on avoit empoisonné l'eau d'un pot dont il avoit accoutumé de boire l'après midi, & que ce fut l'effet de la vengeance du Duc de Savoye. D'autres ont cru que ce fut un reproche que lui fit le Roi, de lui avoir attiré parmi ses ennemis le Duc de Savoye: quoi qu'il en soit, il ne parut pas le regretter, & en mettant son fils Barbesieux à sa place, qui n'avoit que vingt-six ans, il voulut montrer à l'Europe que c'étoit lui qui formoit ses Ministres, qu'il n'avoit pas besoin de leurs avis, & que lui seul faisoit tout. Telle étoit la grande opinion que ses Ministres à l'envi l'un de l'autre lui avoient donnée de sa grande habileté: & à dire le vrai, les louanges de la part de ses Ministres, avoient été le premier appas qui l'engagea de travailler seul à seul avec chacun d'eux; & ce fut apparemment ce plaisir d'être souvent loüé par eux, qui lui fit surmonter le dégoût que la jeunesse a d'ordinaire pour les affaires; & il étoit si accoutumé à ses flateries journaliéres & domestiques, qu'il n'a jamais été blessé des louanges excessives, ni des panégyriques les plus outrés.

Si dans la suite il choisit Chamillard pour

remplacer Pontchartrain & pour régir les Finances, & même pour remplir en même tems le Miniſtére de la guerre après la mort de Barbeſieux mort de débauches, c'eſt qu'il croyoit bonnement qu'il n'avoit beſoin ſous lui, que d'un Commis laborieux, & non d'un Miniſtre fort éclairé qui penſât de lui - même & qui trouvât de bons expédiens dans les affaires difficiles.

Quand le Roi eût été auſſi habile qu'il croyoit l'être, c'eût toujours été une grande malhabileté de croire pouvoir faire d'auſſi grandes choſes avec des Miniſtres jeunes & voluptueux, ou avec des Miniſtres de peu d'eſprit & ſurchargés d'affaires, qu'avec des Miniſtres d'un grand eſprit, expérimentés, & de longue main accoutumés au travail : C'eſt ainſi que cette grande préſomption de ſa propre capacité, l'empêcha de chercher des Miniſtres d'un eſprit ſupérieur, pour lui aider à gouverner avec toute l'habileté dont de grands génies laborieux pouvoient être capables.

Il eſt d'une habileté commune de choiſir pour Miniſtres, ceux que l'on voit les plus eſtimés par ceux qui nous environnent. Louis XIII. peu préſomptueux, eut cette ſorte d'habileté, & gou-

gouverna mieux à proportion que fon fils, parce qu'il eut le bonheur de choifir pour Miniftre général , Richelieu grand génie, & que ce
Miniftre eut l'habileté de choifir par lui-même
pour Miniftres particuliers, des perfonnes d'une
grande capacité. Il ne craignoit jamais comme
Louis XIV. que leur réputation nuifit à la
fienne.

Il n'y a perfonne qui ne fçache, que plus les
emplois font importants, plus ceux qui en font
chargés réüffiffent quand leurs lumiéres font proportionnées à la grandeur & à l'étendue de
leurs emplois, & que la grande différence de la
vertu & des talents d'un Miniftre, produifent
la grande différence dans les fuccès de fon Miniftére. Le Roi le favoit comme les autres dans
la fpéculation ; mais de mauvaifes raifons le
faifoient agir quelquefois contre fes propres lumiéres dans l'occafion, comme font les autres
hommes du commun ; & voila pourquoi il
choifit alors Barbéfieux, & depuis Chamillard
& Voifin, efprits médiocres, dans l'opinion qu'il
pouvoit facilement, par fes grandes lumiéres,
fuppléer entiérement à leur peu de capacité.

Cette année mourut un homme d'un caractère très diftingué entre les habiles Courtifans.

V 2   Ce

Ce fut le Maréchal de La Feuillade. Le but qu'il fe propofa toute fa vie ne fut en rien différent du but de tous les autres Courtifans. Ce fut de faire une fortune grande, folide & éclatante, & de furpaffer de ce côté-là fes pareils : C'eft le but de tous les ambitieux d'une ambition vulgaire. On peut dire même, que c'eft le but ordinaire des hommes du commun de toutes les profeffions, dans quelque pays & dans quelque condition qu'ils foient ; parce qu'ils ne fçavent pas, que ce ne font pas les richeffes & les grands emplois qui font les hommes les plus heureux dans leur vie & les plus eftimés après leur mort ; mais que c'eft uniquement l'excellent ufage de ces grandes richeffes & de ces grands emplois, & furtout de leurs grands talents.

Le meilleur ufage des meilleures chofes, loin de produire une augmentation de bien, produit au contraire une augmentation de mal ; & tel qui auroit vécu très heureux, & même très eftimé & très aimé dans une place de particulier, vit beaucoup moins heureufement & avec moins de réputation dans la place de Miniftre : C'eft que la grande place demande le grand homme ; autrement le public eft bleffé

de

de la difproportion entre l'homme & la place.

Tous les hommes veulent augmenter leur bonheur, & le plaifir de la bonne réputation fait partie de ce bonheur. Le gros des hommes ne portent pas leurs vués fort loin fur les moyens généraux les plus propres pour arriver à ce but; revenus grands & folides, emplois diftingués, faveur éclatante : voila où ils bornent leurs moyens.

L'homme veut les commodités de la vie, c'eft-à-dire, l'exemption des maux ; enfuite il veut les plaifirs des fens ; mais il veut encore les plaifirs de l'efprit, qui viennent particuliérement des différentes diftinctions entre fes pareils.

Or l'augmentation de revenu procure les commodités, c'eft-à-dire, l'exemption des pétits maux, l'exemption de la fatigue, l'exemption du froid, du chaud, & même les plaifirs des fens, les bons repas, la chaffe, la mufique, les fpectacles, les promenades, le grand nombre de domeftiques appliqués à fatisfaire, & même à prévenir les defirs.

Mais les grands emplois, la faveur du Prince, fervent infiniment davantage à goûter les plaifirs de la diftinction entre les pareils. Ainfi

V 3

le

le Maréchal de La Feuillade, qui avoit ce goût pour la diftinction entre pareils, beaucoup fupérieur à tous fes autres goûts, cherchoit plus vivement que les autres de l'éclat dans fa fortune, & par conféquent de la diftinction dans fa faveur.

Il faut obferver que tous ces ambitieux occupés d'augmenter leur bonheur au-delà du bonheur de leurs pareils, n'ont prefque aucun goût pour augmenter le bien public. Le Maréchal de La Feuillade, non plus que le gros des François de fon tems, n'y a jamais penfé, ou n'y a penfé que foiblement ; de forte que le moindre intérêt particulier le faifoit abandonner le plus grand intérêt public.

Il fçavoit comme fes pareils & comme tous les autres Courtifans, que pour faire une fortune plus grande, plus folide & plus éclatante, il ne faloit que plaire au Roi plus que fes pareils. Le Roi étoit très fenfible à la loüange ; mais il ne s'y connoiffoit pas plus que ceux qui lui en donnoient. Ce fut par l'étude affidue que La Feuillade fit du caractére du Roi, qu'il réüffit plus que tous fes pareils à lui donner des louanges de fon goût, & à lui en donner plus qu'aucun d'eux ; & ce fut par ces endroits qu'il

qu'il fe diftingua, & qu'il fe forma un caractére fi fingulier, qu'il touchoit au ridicule.

Il avoit obfervé, que pour marquer davantage fon amour, fon attachement, fon dévoûe-
ment & fon zèle pour plaire davantage à une
maîtreffe, il étoit heureux de trouver une occafion de la venger d'une infulte. Il comprit
de là, que trouvant une occafion de fe battre
pour venger le Roi de paroles offenfantes qu'a-
voit dites un Grand d'Efpagne contre Louis
XIV, il prouveroit au Roi qu'il l'aimoit plus
que perfonne; il prit la pofte, alla fe battre à
Madrid contre ce Grand, le défarma, & lui
donna la vie, après que l'autre la lui eût de-
mandée au nom du Roi. Chacun traita cette
expédition de folie, & c'en étoit une; mais elle
fervit à fon but; & dès-lors fi fon but n'étoit
pas fou, le moyen qu'il avoit pris n'étoit pas
une folie: au contraire, c'étoit une grande
habileté; & effectivement le Roi facile à tromper fur le grand attachement & l'admiration
que La Feuillade lui marquoit pour fa perfonne, comme font les belles femmes accoutu-
mées à un encens perpétuel, crut facilement
qu'il étoit plus attaché à lui qu'aucun autre
Courtifan, & que ce n'étoit pas la grande for-

V 4   tune

tune de favori qui faifoit fon principal but.

Il étudioit tout le matin, & même durant la nuit, tout ce qu'il pouvoit dire au Roi durant le jour, pour lui prouver qu'il l'eftimoit, qu'il l'aimoit & l'admiroit plus que ne faifoient les autres courtifans, & qu'il le trouvoit fort fupérieur en efprit & en vertu aux autres hommes. Ce fut dans cet efprit perpétuel de flaterie outrée, qu'il imagina de faire dreffer en l'honneur du Roi la ftatue de la Place des Victoires, avec une infcription qui fut fi frondée. Cette infcription étoit: *Viro immortali*, à l'homme immortel.

Louis XIV. pour fa perfonne, n'étoit pas plus immortel que le dernier de fes fujets, & à l'égard de l'immortalité du nom, il y a beaucoup d'autres noms immortels que le fien; & comme ce n'eft pas le feul immortel, Louis XIV. n'étoit point du tout connu & diftingué par le nom de *vir immortalis*, par le titre d'immortel.

Cependant comme Louvois vit que La Feuillade, quelque vifionnaire qu'il fût en certaines occafions, n'avoit pas laiffé de plaire beaucoup au Roi en celle-ci, & d'en obtenir beaucoup en l'entretenant fouvent de fa Place & de fa

ftatue

ftatuë pédeftre, fongea à l'imiter & à le furpaffer, en faifant faire une plus grande place &
une plus grande ftatue équeftre, plus belle, en
l'honneur du Roi dans la place des conquêtes,
que l'on nomme communément la place de
Vendôme.

Au refte, fi le feu Roi avoit un peu mieux
entendu les intérèts de fa réputation, il auroit
plus cherché à mériter les louanges de Roi
bienfaifant envers fes fujets, & d'une juftice
délicate envers fes voifins, qu'à recevoir des
louanges de puiffant & de formidable, qui font
des louanges que les Manichéens donnoient au
mauvais principe. Car à quoi fert la grande puiffance, fi elle n'eft employée toute entiére à procurer à plus de familles plus de biens durables?
Et qu'eft-ce qu'il y a de loüable dans toutes
les entreprifes que l'on fait uniquement pour
foi ou pour fa famille, fi l'on ne procure l'augmentation du bonheur de fa patrie.

Pontchartrain fit publier cette année plus de
quatre-vingt Edits burfaux pour trouver de
l'argent, dont quatre-vingt mille familles furent
affligées : *fructus belli.*

Le Pape Alexandre VIII. Ottoboni Vénitien,
donna fecrétement une bulle ou un bref qui

caffoit

caſſoit l'Edit du Roi & l'Arrèt du Parlement rendu en 1682. pour autoriſer la Déclaration des 34. Evèques contre l'infaillibilité du Pape, & pour la ſupériorité des Conciles généraux au-deſſus du Pape.

Ce Pape homme d'eſprit, n'étoit pas aſſez ſot pour ſe croire infaillible ; mais il étoit aſſez habile, pour croire que cette opinion étoit la principale baſe de la grande autorité des Papes ſur les Princes Catholiques. Ainſi ce Bref ſecret étoit une eſpéce de proteſtation contre l'acte des Evèques de l'aſſemblée de 1682.

A cette occaſion je rapporterai un fait que je tiens du feu Maréchal de Teſſé. Il avoit reçu ordre du feu Duc d'Orléans Régent, pour faire au feu Czar les honneurs du Royaume. Ce Prince qui avoit ce jour-là entendu parler du différend qui étoit entre le feu Cardinal de Noailles alors Archevèque de Paris & le Pape, à l'occaſion de la Conſtitution *Unigenitus* que le Pape vouloit faire recevoir comme un jugement parfaitement infaillible, dit au Maréchal : *En vérité ſi le Pape ſe croit infaillible dans ſes jugements, c'eſt un grand ſot ; & s'il ne le croit pas, c'eſt un grand impoſteur de vouloir le faire croire.*

A N-

A N N E' E 1692.

Le Roi Jaques chaſſé d'Irlande par le Roi Guillaume ſon gendre, voulut faire une autre tentative en Ecoſſe; mais le Roi Guillaume pour le mieux tromper, avoit des Officiers ſur mer & ſur terre qui faiſoient les mécontents, & qui avoient ſoin de découvrir les Jacobites cachés & leurs intrigues; avec ces ſortes d'eſpions il avoit découvert qu'il y avoit ſur la flotte Angloiſe environ un tiers de Capitaines Jacobites, qui devoient dans le premier combat naval paſſer du côté des François & combattre ſous les ordres de l'Amiral de France.

Le Roi Guillaume en donna la liſte à ſon Amiral Anglois, avec ordre de les faire arrêter ſeulement la veille du combat, & de mettre tels & tels à leurs places. Cela fut ainſi exécuté, de ſorte que l'on ne put en donner aucun avis aux François.

Le Roi Louis XIV. perſuadé qu'il y auroit dans le combat une grande déſertion des Capitaines Anglois en faveur du Roi Jaques II. avoit donné ordre au Comte de Tourville, qui portoit Pavillon d'Amiral, d'attaquer la flotte ennemie, quoiqu'il fût preſque moitié moins

fort

fort en vaiſſeaux : Il obéit, & avec quarante
ſix vaiſſeaux, il en alla attaquer fiérement près
de quatre-vingt & dix tant Anglois qu'Hollandois.

Les ennemis furent très étonnés de cette
audace, & craignirent non ſans fondement la
trahiſon ; mais après les deux premiéres heures d'un combat affreux, les vaiſſeaux ennemis
envelopérent les François. Alors le Comte de
Tourville attaqué de toutes parts, commença
à ſe battre en retraite, & à ſe retirer vers la
Hogue & vers Cherbourg ; partie de nos vaiſſeaux échouérent dans ces deux Rades, au nombre de quatorze, qui furent brulés bientôt a-
près, à la vue du Roi Jaques, qui y étoit venu avec des troupes d'embarquement pour paſſer en Ecoſſe, en cas que le combat eût eu un
ſuccès favorable pour les François, comme il
le croyoit.

Le Roi reçut cette facheuſe nouvelle au ſiége de Namur. Il continua le ſiége, malgré les
pluyes continuelles, & en vint à bout avec beaucoup de conſtance ; au reſte comme le Comte
de Tourville avoit ſuivi exactement ſes ordres,
& qu'il s'étoit battu très vaillamment, le Roi
le fit Maréchal de France l'année ſuivante

avec

avec une approbation univerſelle.

Louis après la priſe de Namur revint à Verſailles avec les Dames, & laiſſa l'armée ſous
le commandement du Maréchal de Luxembourg; c'étoit un brave Général, qui avoit
dans l'occaſion le coup d'œil très bon, mais
c'étoit un eſprit médiocre, peu laborieux, &
un peu trop livré au plaiſir. Le Roi Guillaume le fit tomber dans un panneau à Steinker-
ke. Il nous attaqua, lorſque nous le croyons
bien loin. Il eſt vrai que Luxembourg avec des
troupes d'une grande valeur, repara bientôt ſa
mépriſe, & fit ſi bien, qu'il demeura maître
du champ de bataille. Les ennemis ſe retirérent, & perdirent autant que nous.

Le Duc de Savoye, depuis Roi de Sardaigne, ayant enfin obtenu de l'Empereur vingt
cinq ou trente-mille Allemands, devint beaucoup ſupérieur aux François; Ainſi il prit Gap
& Ambrun, qu'il abandonna, parce qu'il tomba très malade, & qu'il ſe retira dans ſon pays.
C'étoit un Prince courageux, ambitieux, laborieux; mais ſur les promeſſes duquel perſonne ne pouvoit ſe fier. Il couroit après la gloire de grand Prince, ſans la bien connoître. Il
ſemble par ſa conduite que la ſupériorité de
mérite

mérite confiftoit uniquement dans la fupériorité de puiffance, & faifoit par conféquent beaucoup plus de cas des grands talens pour tromper dans la négociation & pour réüffir dans la
guerre, que des grandes vertus. Il n'avoit jamais compris que la gloire du Prince étoit de
furpaffer fes pareils dans le projet de rendre
fes Peuples plus vertueux, plus tranquilles, &
plus heureux.

Pontchartrain publia cette année cinquan-
te-cinq Edits pour trouver de l'argent. Du
refte on ne fit aucun Réglement dans la vuë
de bonifier le dedans de l'Etat. La Cour étoit
trop occupée des entreprifes des ennemis, &
elle ne pouvoit pas fe réfoudre à faire la moindre dépenfe utile, ni à donner la moindre attention à d'autres affaires qu'à celle d'une guerre où nous étions très inférieurs en forces.

A N N E'E 1693.

Le Maréchal de Luxembourg donna la bataille de Nerwinde en Flandres; il la gagna, &
prit Charleroi; mais il y perdit beaucoup de
monde & de braves Officiers. On voyoit tout
le monde en deuil à Paris.

Le Maréchal de Catinat gagna en Italie la
ba-

bataille de la Marſaille. Cette année la dépenſe extraordinaire de guerre monta à plus de
un million quatre - cent - quarante - mille marcs
d'argent à onze deniers de fin, c'eſt - à - dire à
plus de quarante millions de livres à vingt-huit
le marc d'argent. La dépenſe de ſes ennemis
ne fut pas moindre. Ils perdirent tous enſemble
plus de vingt - mille hommes, & voilà les fruits
ordinaires de la voye ruineuſe de la guerre que
les Souverains qui ſe croyent les plus forts
ont juſqu'ici préférée à la voye ſenſée de l'arbitrage pour terminer leurs différends.

Cette année le Roi inſtitua l'Ordre de Saint
Louis pour les gens de guerre; mais comme
on ne le refuſe preſque à perſonne, cet Ordre
qui devoit donner de l'émulation entre les Capitaines, entre les Colonels, entre les Brigadiers
&c. n'en produit aucune. 2°. Il devroit y avoir
une marque extérieure pour tous les grades de
la guerre, & il n'y en a point. 3°. Il ne devroit y avoir qu'un certain nombre fixe de
Chevaliers parmi les Capitaines, un autre nombre moindre parmi les Colonels; or le nombre
n'en eſt point fixé juſqu'ici. 4°. Il vaque une
place; elle devroit être remplie par ſcrutin entre trente pareils de la même claſſe, & donner

des

des places tour à tour à remplir à chaque claffe de trente ; mais jufqu'ici nulle régle, nulle
police pour ce choix.

Il réfulteroit de là deux avantages pour le
Roi. Le premier, c'eft qu'il ne feroit jamais
blâmé, méprifé, haï du public pour aucune
injuftice faite dans fon choix. Le fecond, c'eft
que chacun des prétendans, pour avoir plus de
voix que fes camarades, feroit plus doux, plus
poli envers eux & envers tout le monde, plus
affidu au fervice, & fe rendroit plus capable
dans fon métier ; parce qu'il s'agit dans les fcru-
tins de la fupériorité du mérite national ; mais
ce qui n'eft pas encore fait, peut un jour fe faire & fe perfectionner.

Il parut deux Edits fur la permiffion de s'affranchir envers le Roi des redevances que l'on
doit au domaine, c'étoit pour trouver de l'argent, & c'étoit un avantage pour les débiteurs,
en fuppofant que l'eftimation de leur acquifition n'étoit point déja trop forte. Le Roi pour
le bien de fes fujets devroit donner à tout le
monde la liberté de s'affranchir de toutes redevances féodales envers les Seigneurs, & même
des hommages & des droits de laods & ventes.
Tous ces droits produifent entre les Seigneurs

&

& les Vassaux, entre Seigneurs & Seigneurs, une infinité de procès au grand préjudice des particuliers & par conséquent de l'Etat.

Il parut encore cette année plus de soixante Edits pour tirer de l'argent de divers côtés, mais les moins onereux étoient la création des rentes à prendre sur les revenus des Fermes ; il ne manquoit qu'une chose à ces créations, c'étoit de pourvoir en même tems, comme en Angleterre, au remboursement de ces rentes en vingt ou trente ans. Ces rentes qui se remboursent tous les ans pour quelque partie du capital, sont ce que les Anglois appellent Annuités, qui se vendent & s'achettent sur la place comme des Actions sur la Compagnie des Indes.

A N N E´ E 1694.

La France eut cette année des avantages & des désavantages. L'armée de Catalogne battit les Espagnols, & prit quatre ou cinq places ou châteaux. Le Roi Guillaume de son côté prit Hui, & brula la ville de Dieppe qui est présentement bien mieux bâtie qu'elle n'étoit. L'entreprise sur Brest ne lui réussit pas. Le Général Talmacq y fut tué, & les Anglois & les Hollandois y perdirent deux vaisseaux & deux

millé hommes par les bons ordres que donna
de ce côté là le Maréchal de Vauban.

Le bled étoit fort cher alors : nous en fai-
sions venir de la mer Baltique : huit vaisseaux
Hollandois prirent nôtre convoi qui étoit de
près de cent navires. Jean Bart Chef d'Escadre de Dunkerque courut après avec six vaisseaux, prit trois Hollandois , les autres se retirérent, & Bart amena heureusement tout le convoi de bled dans les ports de France. Il ne se
fit rien de considérable en Italie, quoique l'armée des Ennemis fût considérablement plus forte. L'habileté du Maréchal de Catinat empêcha
le Duc de Savoye de rien entreprendre de considérable.

Cette année moururent le Maréchal d'Humiéres & le Maréchal de Bellefond, camarades
de fortune ; tous deux braves, liberaux, magnifiques. Le Maréchal d'Humiéres Gouverneur de Flandres étoit plus riche ; Bellefond
étoit plus laborieux. & plus habile.

On publia cette année soixante & dix Edits
ou déclarations pour différentes taxes : tous
moyens pour trouver de quoi soutenir la guerre. Pontchartrain étoit laborieux, plein d'expédiens, décisif & expéditif.

A N-

A N N E´ E 1695.

Le Roi Guillaume perdit la Reine fa femme fille ainée du Roi Jacques Second, mais il ne ceffa pas d'être regardé comme Roi légitime, parce qu'il avoit été reconnu pour tel par le Parlement fix ans auparavant. L'extrème averfion qu'a la Nation pour toute dépendance du Pape, & pour toute autorité defpotique, avoit porté les Anglois à préférer un étranger au Roi Jaques Second qui étoit frére & unique héritier du feu Roi, & qui avoit régné lui-même trois ou quatre ans depuis la mort du Roi Charles Second fon frére.

Abbadie fit l'oraifon funèbre de la Reine, & la fit avec beaucoup d'éloquence.

Les grandes dépenfes que le Roi Louis XIV. avoit faites les années précédentes aux fiéges de Mons & de Namur, dans les armées d'Italie & d'Efpagne, & dans les armemens de mer, ne lui permettoient pas d'avoir un fi grand nombre de troupes. Les Anglois au contraire & les autres Alliés firent de nouveaux efforts & de nouvelles dépenfes cette année ; ainfi ils devinrent fort fupérieurs en Flandres, en Italie & fur la mer. Le Roi Guillaume attaqua & prit

Namur, malgré quinze-mille hommes de garnifon. Le Maréchal de Boufiers s'y défendit avec plus de valeur que d'habileté.

Les Hollandois amenérent par la Meufe tant & de fi gros canons, tant de mortiers & tant de poudre, que leur Ingénieur Général, le célébre Coehorn, bouleverfa toutes les murailles, & en remplit fi bien les foffés, qu'un bataillon de front pouvoit marcher en bataille par les bréches fans avoir à monter.

Le Maréchal de Boufiers avec beaucoup de forties retarda fort les travaux des ennemis, & leur tua plus de vingt mille hommes; mais il en perdit fept ou huit; la capitulation fut mal obfervée. Il fut arrêté par ordre du Roi Guillaume, en repréfailles de ce que les François n'avoient pas exécuté exactement la Capitulation des deux petites Places qu'ils avoient prifes; mais il fut mis en liberté dès que les François eurent renvoyé les garnifons de ces deux petites places, & le Roi Louis Quatorze fut un peu honteux d'être ainfi puni fur le champ de l'efpéce d'infraction des traités faits avec fes ennemis. Il eft vrai qu'il avoit eu des prétextes pour manquer à quelques articles des capitulations; mais l'homme jufte rejette

les

les prétextes & ne se fonde que sur des raisons
légitimes; & pour les discerner, il sait se dire à
lui-même, Ne traiterois-je pas de prétextes frivoles & de manquement de parole, si mon ennemi plus fort vouloit s'en servir contre moi
en cas pareil.

Les Anglois & les Hollandois ne trouvant plus
de vaisseaux François à la mer, bombardérent
les places maritimes, Saint Malo, Dunckerque,
Calais; & par représailles les François bombardérent Bruxelles, où ils causérent beaucoup de
dommages.

Il se fait des cartels, des traités entre ennemis pour les prisonniers de guerre, pour les
contributions, pour les capitulations, & pour
beaucoup de cas, dans l'exécution desquels chaque parti gagne plus qu'il ne perd. Il n'y a
que les Barbares qui fassent la guerre sans aucun quartier, & sans aucun cartel; aussi une
pareille guerre est-elle incomparablement plus
fâcheuse aux deux partis; & comme l'esprit de
vengeance régne toujours, ces guerres ne finissent presque jamais que par la destruction presque totale d'un des deux partis.

Or il me semble que les bombardemens & les
incendies réciproques devroient entrer dans les

X 3

cartels;

cartels ; car le destructeur ne gagne rien à
ce qu'il détruit , & il invite à lui causer pareil dommage dans une pareille occasion.

Il ne se passa rien de considérable ni dans les
armées d'Allemagne , ni dans celles d'Espagne ;
mais le Duc de Savoye, depuis Roi de Sardaigne,
devenu fort supérieur en troupes Allemandes , prit
Casal , tandis que les Turcs profitoient en Hongrie de leur supériorité sur les Allemands , qui
n'étoient en ce pays-là que sur la défensive.

Le Maréchal de Luxembourg étoit mort dès
le commencement de l'année ; ce n'étoit pas
un Général si habile que le Maréchal de Turenne , mais les troupes disoient que le Roi
Guillaume n'auroit jamais osé attaquer Namur ,
s'il eût commandé l'armée de France. Il savoit
la grande différence qui étoit entre lui & le
Maréchal de Villeroy , qui étoit très propre à
briller dans une fête galante , mais qui avoit peu
de réputation pour les affaires de guerre.

La Cour étoit trop embarrassée d'une guerre
qui alloit désormais se faire aux dépens du Royaume , pour songer à rien qui pût servir à perfectionner le gouvernement intérieur ; ainsi on
ne songeoit qu'aux inventions qui pouvoient
produire de l'argent , & parmi celles-là on proposa

poſa & on réſolut la Capitation, eſpéce de
taxe annuelle que chacun devoit payer pour
aider à ſoutenir la guerre; & comme la Nation étoit alors dans une eſpéce de conſternation après la priſe de Namur, & que chacun ne prévoyoit que de mauvais ſuccès pour
l'avenir, il eſt étonnant, que loin que cette
nouvelle taxe fût mal reçue du Peuple, je
fus témoin au contraire qu'elle fut reçue avec
joye, parce que tout le monde la conſidéra
comme le ſeul reméde à nos maux; & effectivement, cet Edit, qui eût déſolé tout le monde s'il ſe fût agi de conquètes, nous tira de
la conſternation où nous étions, dès que nous
vimes qu'il ſuffiroit pour nous garantir de
l'invaſion générale dont nous étions menacés.

Cela me fait croire que ſi le Roi avoit marqué dans ſa Cour une grande allarme, &
une grande peur à la nouvelle de la grande
Ligue d'Augsbourg qui commença dès 1689.
& qui augmenta encore en 1690. & dans la
quelle entrérent preſque toutes les Puiſſantes
de l'Europe, dans le deſſein de nous enlever
toutes nos Provinces frontiéres, ces craintes,
ces allarmes auroient facilement paſſé de la
Cour à Páris, & de Paris dans les Provinces.

de forte qu'il auroit pû dès‑lors établir la ca‑
pitation avec l'agrément de la Nation, ce qui
lui auroit produit environ vingt‑deux‑mil‑
lions de plus par an durant fix ou fept ans.

Mais nos Miniftres ne furent pas affez ha‑
biles pour feindre à propos un peu plus de
crainte qu'ils n'avoient : Ils firent tout le con‑
traire : Ils feignoient plus de confiance & d'ef‑
pérance en nos forces qu'ils n'en avoient ef‑
fectivement. Ils ne favoient pas que rien n'eft
plus aifé à infpirer que l'efpérance d'une bonne
paix, quand on a un bon fondement d'efpé‑
rer, tel qu'eût été un pareil fubfide pour fou‑
tenir la guerre.

Au refte ce fubfide fut très mal dirigé dès
le commencement, & quoiqu'il ait été un peu
rectifié par les Intendants dans la pratique, il
eft encore fujet à beaucoup d'inconvénients &
à beaucoup d'injuftices dans la repartition
qui s'en fait dans les Villes & dans les Cam‑
pagnes.

C'eft que les taxes annuelles doivent être
proportionnées non à la qualité, ou à la di‑
gnité, ou à la charge, ou à l'emploi, com‑
me porte l'Edit, mais au revenu annuel & ef‑
fectif de chaque capitable. Car qui doute qu'il

y a tel Gentilhomme, tel Capitaine, tel Colonel, tel Maréchal de Camp, tel Maréchal
de France, tel Chevalier des Ordres, tel
Duc, tel Prince, tel Conseiller, tel Président,
qui aura dix fois, quinze fois, vingt fois plus
de revenu annuel que tel autre de ses pareils ?

Cependant si la taxe est la même, il arrivera que souvent elle sera ou vingt fois trop
foible pour le riche, ou vingt fois trop forte
pour le pauvre. J'ai expliqué ailleurs les
moyens de perfectionner ce subside, en le rendant proportionné au revenu de chaque capitable.

Mais à dire la vérité, je crois qu'il doit toûjours subsister, pourvû qu'il soit perfectionné,
pourvû qu'on le diminue & qu'on l'augmente
selon les besoins, & selon la prospérité de
l'Etat, & pourvû que l'on taxe les capitables
par Communautés, ou de Paroisses dans les
Campagnes, ou de Compagnies, ou de métiers, ou de professions dans les Villes; car
alors la Cour peut parvenir en deux ou trois
ans à ne taxer chaque capitable qu'au même sol pour livre de son revenu, parce que
chaque membre de la Communauté est intéres-
sé

fé à connoître & à déclarer tout le revenu des autres membres de fa Communauté , & qu'il deviendra honteux à un membre d'une Communauté de vouloir faire injuftice à cette Communauté par une fauffe déclaration de fon revenu ; & voilà pourquoi j'ai approuvé la capitation du cinquantiéme du revenu des fujets, même en tems de paix , quand les fujets feroient divifés par Communautés de familles voifines qui connoiffent les revenus les uns des autres.

La Cour qui avoit befoin d'un grand fubfide fur le Clergé, donna un Edit pour favorifer la Jurifdiction des Evêques contre les prétentions des Parlemens.

Sur quoi je ferai deux obfervations : La prémiére, c'eft qu'il ne devroit y avoir dans un Etat qu'une même Jurifdiction ; tant pour les Eccléfiaftiques que pour les Séculiers ; mais on pourroit dans chaque Jurifdiction établir un bureau de quelques Juges Eccléfiaftiques, pour examiner les matiéres de cette efpéce.

La feconde, c'eft que les Eccléfiaftiques étant tous fujets de l'Etat , poffédans comme les autres Citoyens des revenus de l'Etat, je ne vois aucune raifon folide qui les puiffe difpenfer d'aider

der l'Etat de leurs revenus fur le même pied que les autres fujets. Les raifons des anciens pouvoient être bonnes pour leur tems; mais elles n'ont nulle force préfentement.

A N N E' E 1 6 9 6.

La France étoit épuifée de toutes efpéces de forces, & il étoit à craindre qu'elle ne fuccombât tout d'un coup de tous côtés. Le Roi, qui fentoit cet épuifement, cherchoit depuis longtems à détacher quelqu'un des Alliés, & il trouva que le plus facile à détacher de la Ligue d'Augsbourg, étoit le Duc de Savoye; Ce Prince, qui ne cherchoit qu'à faire un traité avantageux pour lui, profita de l'occafion favorable qui fe préfentoit; il fit fecrétement fes conditions, & puis dit aux Impériaux & aux Efpagnols qu'il avoit obtenu la neutralité pour l'Italie, & que s'ils ne vouloient pas l'accepter, il ne pouvoit pas s'empêcher de fe joindre aux François qui ne demandoient que cette neutralité.

Les Impériaux & les Efpagnols la refuférent d'abord, & il joignit alors fes troupes aux François, & marcha enfuite à Valence Ville du Milanez au Roi d'Efpagne qu'il affiégea; mais

la

la Cour de l'Empereur & celle d'Efpagne, voyant qu'elles n'avoient pas de meilleur parti à prendre que la neutralité en Italie, l'acceptérent. Le fiége fut levé, & les troupes Allemandes fortirent d'Italie, à condition feulement que quelques Etats d'Italie, Tofcane, Génes, Parme, Modène, Mantoüe & quelques autres Princes chez qui les Impériaux avoient coutume de prendre des quartiers d'hyver, payeroient un million d'onces d'argent; ce qui fut exécuté fuivant l'ancienne repartition.

Le Roi négocioit durant ce tems-là fecrettement avec les Hollandois, de concert avec le Roi d'Angleterre. Alors l'Empereur & l'Efpagne en prirent quelque ombrage, & commencérent à rabattre un peu de leurs efpérances de conquêtes. Ils nommérent des Plénipotentiaires. Les armées n'entreprirent rien de confidérable fur les frontiéres, & les vuës des Souverains fe tournérent alors à la paix; mais la vraye caufe de ce changement étoit l'épuifement mutuel des Parties Belligérantes; mais fous le nom de paix perpétuelle qu'ils donnoient à leurs traités, ils ne traitoient réellement que d'une trève incertaine & de peu d'années, parce qu'ils ne formoient point d'arbi-

tres

tres tout - puiſſans & ſuffiſamment intéreſſés
pour terminer ſans guerre leurs différends futurs.

La Princeſſe de Savoye qui avoit onze ans,
deſtinée au Duc de Bourgogne depuis Dauphin , paſſa en France , en attendant l'âge
compétent pour le mariage qui devoit ſe faire l'année ſuivante : Elle fut reçue avec beaucoup de joye, parce qu'on la regardoit comme
le gage d'une paix prochaine.

Il ne ſe fit rien pour le gouvernement intérieur ; on ne vit que des Edits burſaux, mais
en plus petit nombre , parce que les ſources
en étoient bien diminuées , & parce que le ſubſide de la capitation de vingt deux millions ,
rendoit les taxes extraordinaires beaucoup moins
néceſſaires.

ANNE'E 1697.

Les Anglois, & ſurtout les Hollandois, voyant que le Duc de Savoye s'étoit ſéparé de
leur alliance, & avoit fait ſa paix particuliére,
jugérent qu'ils ne pouvoient déſormais rien gagner à la guerre, qu'ils y pouvoient perdre,
& que ſurement ils dépenſeroient beaucoup pour
la ſoutenir, que ce qu'ils y dépenſeroient ſeroit

roit en pure perte ; ainfi ils déclarérent à l'Empereur & au Roi d'Efpagne leurs alliés, que s'ils ne fe contentoient pas des Places que le Roi de France offroit de reftituer à l'Empire & à l'Efpagne, ils feroient avec lui leur paix particuliére : & voilà comme fe termineront toujours les Alliances partiales & paffagéres, jufqu'à l'établiffement de la Diete de l'Europe.

Durant les négotiations, le Roi, pour preffer davantage les Efpagnols qui étoient les plus éloignés de la paix, fit attaquer Ath en Flandres, Place très bien fortifiée. Le Maréchal de Catinat en fit le fiége & l'emporta. Barcelonne en Catalogne attaquée fe rendit à Mr. de Vendôme. Outre cela Pointis Chef d'Efcadre prit Cartagéne en Amérique, & après avoir ruiné les fortifications il en emporta près de trois millions d'onces d'argent. Toutes ces conquêtes ne faifoient point avancer les négotiations avec l'Efpagne, parce que les Efpagnols favoient que toutes ces places leur feroient reftituées par le Traité de paix.

Mais cependant les Hollandois les prefférent fi fort, que la paix fut fignée dans le mois de Septembre, & l'Empereur la figna auffi le mois fuivant, lorfqu'il vit que les Princes de l'Eml'Empire étoient prèts de leur côté à faire leur paix particuliére.

C'eſt ainſi que finit la guerre de la fameuſe Ligue d'Augsbourg, après avoir couté aux François plus de cent mille hommes en huit ans, & plus de ſoixante millions d'onces d'argent d'extraordinaire; pertes que nous aurions pu facilement éviter, ſi le Roi après la mort de Colbert en 1683. n'eût point écouté Louvois, qui le pouſſa à s'emparer de Luxembourg & de Strasbourg: ſa raiſon étoit que c'étoient deux fortes barriéres contre les Allemands; mais un Roi de France pacifique n'avoit point à craindre les Princes Allemands ſes voiſins plus foibles que lui; il n'avoit qu'à les laiſſer en repos, ils n'euſſent jamais ſongé à faire des conquètes ſur un Prince qu'ils euſſent toujours volontiers regardé comme leur Garant & leur Protecteur contre les entrepriſes de deſpotiſme que l'Empereur faiſoit contre eux de tems en tems, & ils n'euſſent eu garde de vouloir diminùer la puiſſance d'un Prince qui l'eût employée toute entiére à les maintenir dans leurs poſſeſſions actuelles.

Sans ces nouvelles entrepriſes de Louis XIV. les Souverains n'euſſent jamais pris à Augsbourg la réſolution de dépenſer cent millions d'onces

d'ar-

Y.

d'argent contre nous; ainſi par notre modération & par notre déſarmement, nous leur euſ-
ſions prouvé que déſormais nous voulions vivre en paix avec eux, & ſonger uniquement à
raccommoder nos affaires, à payer nos dettes,
& à améliorer l'intérieur de l'Etat & nôtre Commerce; mais l'intérêt de Louvois étoit de faire
recommencer la guerre.

Il y a plus, c'eſt que ces deux Places pri-
ſes contre la foi des traités, ayant fait regarder le Roi par toute l'Europe comme un
Prince d'une ambition ſans bornes, ſes voiſins ne pouvoient, ce ſemble, s'aſſembler en
trop grand nombre, & s'unir trop étroitement entre eux, pour lui ôter enfin le pouvoir de leur nuire déſormais. C'eſt proprement la priſe de Luxembourg & de Strasbourg
qui ont achevé de gâter parmi nos voiſins la
réputation du Roi: ce ſont les malheureux
conſeils de Louvois qui ont coûté tant & de ſi
grands tréſors, tant de larmes, & tant de ſang
aux François, & qui ont attiré de la part des
étrangers tant de plaintes trop bien fondées
contre la conduite du feu Roi à leur égard, &
contre la Nation Françoiſe.

Pareils malheurs arriveront toujours, tant
que

que les Rois feront mal élevés, tant que les trois fortes d'affaires, la négociation, le commerce maritime, la guerre de terre & de mer ne feront point données à un même Miniftre, felon le fyftème du Gouvernement du Dauphin Duc de Bourgogne.

Le Prince de Conti s'embarqua à Dunkerque pour aller en Pologne; il arriva au port de Dantzig; mais il ne trouva pas les chofes auffi-bien difpofées pour l'élire Roi, que les avoit mandées l'Abbé de Polignac depuis Cardinal; de forte qu'il ne mit pas feulement le pied dans ce Royaume; le parti de l'Electeur de Saxe l'emporta de beaucoup. Le Chevalier de Saint Pierre mon frére, Capitaine de vaiffeau & depuis Commandant du Piéton, étoit de cette Efcadre que commandoit Jean Bart : je lui ái ouï dire que le Prince de Conti ne regrettoit pas beaucoup de n'y avoir pas réuffi.

J'ai ouï dire depuis à ce Prince, qu'il n'y avoit dans ce Royaume que peu d'infanterie, peu d'artillerie, peu de commerce, peu d'argent, peu de facilité pour lever des fubfides, peu de Places fortifiées, & furtout qu'il y a une Loi qui s'oppofe à tout bon Gouvernement & à toutes les bonnes Loix qui feroient néceffaires pour rendre ce Royaume floriſſant ; cette Loi, c'eſt qu'il n'y a que dans les Diettes générales que l'on puiſſe faire de nouvelles Loix, & qu'il eſt permis à un Nonce ou un Député, quelque méchant ou extravagant qu'il ſoit, de rompre la Diette par un *veto* prononcé à haute voix.

Il ne parut cette année aucun établiſſement pour améliorer l'Etat, & malgré la paix il ne parut que des Edits burſaux pour acquitter quelques dettes de la guerre.

Fin de la première partie.